我们从哪里来？我们走向何方？中国到了今天，我无时无刻不提醒自己，要有这样一种历史感。

——习近平

摘自习近平总书记在北京会见第二届"读懂中国"国际会议外方代表时的谈话（《人民日报》2016年1月5日）

读懂中国

读懂中国丛书

编委会：

主　　任：郑必坚

副 主 任：杜占元　李君如　徐伟新　陆彩荣

委　　员：（按姓氏笔画排序）

　　　　　王博永　冯　炜　吕本富　朱　民

　　　　　邬书林　牟卫民　杜占元　李君如

　　　　　陆彩荣　陈　晋　周明伟　胡开敏

　　　　　徐伟新

编辑部：

主　　任：王博永

副 主 任：冯　炜　胡开敏

成　　员：史小今　谢茂松　宋雨微　于　瑛
　　　　　曾惠杰

读懂中国丛书

中美关系：
变局中的利益交汇点

[美] 李 成 著

总　序

郑必坚

读者面前的这套丛书，有一个总题目，叫作：读懂中国。

为什么要提出"读懂中国"的问题呢？

你看，当今世界发生的变化，可谓天翻地覆，令人目不暇接。最大的变化，莫过于中国。

从20世纪中叶新中国成立以来，特别是最近这40年时间，就使一个多达十三亿多人口的贫穷落后的东方大国，实现了跨越式大发展，迅速成为世界第二大经济体。

人们自然会问：在中国，究竟发生了什么事情？中国快速发展的奥秘究竟是什么？

人们自然也会问：一个正在强起来的中国，和世界怎么相处？

于是乎，问题套问题，疑虑叠疑虑，"中国威胁论""中国崩溃论"，"修昔底德陷阱""中等收入陷阱"，这"论"那"论"，这"陷阱"那"陷阱"，纷纷指向中国。

毫无疑问，中国人应当坚定不移地走自己的路，把自己的事情办好。而这本身就包含着，为了回答人们的关切、问题和疑虑，必须做好一件事："读懂中国"。

为此，由我主持的国家创新与发展战略研究会发起，联合中国人民外交学会，和国际知名智库21世纪理事会合作，在2013年11月和2015年11月先后举办了两届"读懂中国"国际会议。

这两次重要的国际会议，得到了中共中央总书记、国家主席习近平的重视和支持，亲自到会同与会外国嘉宾座谈。国务院总理李克强和副总理张高丽分别出席了第一届和第二届会议，并在会上作了开幕演讲。中共中央和国务院许多部门的领导同志，也到会同来自世界各国的政要和专家学者进行面对面的交流，回答大家提出的问题。

会议取得的成功，给我们的最大启示是：只要直面问题，只要心诚意真，只要实事求是且生动具体地讲好中国故事，讲好中国共产党的故事，讲好中国和世界相处的故事，将大有利于关心中国的人获得新知，怀疑中国的人逐步释惑。

为此，我们设想，把"读懂中国"的国际会议搬到书本上，搬到视频上，搬到网络上，在更大的场合，用更加生动的形式，回答人们的关切、问题和疑虑。

这一设想，不仅得到了有关部门的大力支持，不仅得到了中国外文局和外文出版社的大力支持，而且得到了一批对这些问题有亲身实践经验和较深研究的专家学者和领导同志的大力支持，为丛书撰稿。

这就是读者面前这套丛书的由来。现在编辑出版的还只是这套丛书的第一辑，以后还会有第二辑、第三辑以至更多的好书问世；现在这一辑主要是中国作者的作品，以后还会有其他国家作者的作品。

不仅是丛书，以后还会有配套的电视专题片和网络视频，陆陆续续奉献给大家。

在我们看来，"读懂中国"，包括"读懂中国共产党""读懂中国和世界的关系"，是一个宏大的事业。

让我们共同以极大的热情，来关注这一事业、参与这一事业！

二〇一八年三月

总 序 二

郑必坚

在全国人民共同庆祝中国共产党成立100周年之际，我们的"读懂中国"丛书第二辑又摆在了读者的面前，外文版也将在近期面世。

2018年，"读懂中国"丛书第一辑（中英文版）在第三届"读懂中国"国际会议上举行首发式，几年来，我们陆陆续续收到读者的反馈，无论是有关部门的领导，还是专家、学者、媒体人士，以至我们的海外读者们，都对我们的丛书给予了高度评价。在此，向你们表示衷心的感谢！正是你们的关心和关注，才使得我们的丛书更有分量、更显智慧、更具价值。

为什么要组织编写"读懂中国"丛书呢？对于这个问题，我在丛书"总序"中已经给读者作了解答。在这里我想强调的是，在2015年由国家创新与发展战略研究会、中国人民外交学会和21世纪理事会共同举办的第二届"读懂中国"国际会议上，习近平总书记在同外方政要和专家学者座谈时讲到"读懂中国"是向世界介绍中国的一个很好的平台，他还说："我们从哪里来，我们走向何方？中国到了今天，我无时无刻不提醒自己要有这样一种历史感。"事实上,中国从哪里来、中国走向何方,也是人们长久以来对中国这个世界第二大经济体所提出的问题和疑虑。于是,我萌生了组织各方面专家学者编写"读懂中国"丛书的想法。

"读懂中国"丛书都讲了些什么？在中国特色社会主义已经进入新时代的今天,要"读懂中国"最重要的自然就是要读懂新时代的中国,而要读懂新时代的中国,最重要的自然就是要读懂习近平新时代中国特色社会主义思想。因此,国家创新与发展战略研究会在中央领导的肯定和有关部门的指导下,在中国外文局和外文出版社的大力支持下,邀请了一批有丰富实践经验、并对中国问题有着深刻观察和研究的专家学者,就习近平新时代中国特色社会主义思想和改革开放四十多年所走过的道路,特别是中共十八大以来以习近平同志为核心的党中央治党治国治军的重要决策、重大进展及面临的新形势新挑战等海内外关注的焦点问题作出专门论述。

"读懂中国"丛书有什么值得推荐的吗？我以为,需要特别指出的至少有这么两点：一是内容上的实事求是,二是风格上的生动具体。"实事求是"是指我们的作者努力向大家展示一个真实、立体、全面的中国；"生动具体"是指纳入丛书的这些论著,不仅凝结着作者多年一贯的学术思考,而且展现了一个又一个有画面感的故事,毫不晦涩、毫不做作。

"讲好中国故事,讲好中国共产党的故事,讲好中国和世界相处的故事",是帮助"关心中国的人获得新知,怀疑中国的人逐步释惑"的最好方式。我们是这么想的,也是这么做的。

"读懂中国"丛书第一辑获得广泛关注,让我们感到,这件事我们是做对了，我们抓"读懂中国"这个主题抓对了。特别是站在"两个百年"历史交汇点的今天，面临大变局、大考验，中国更要推动"读懂中国"这个宏大事业，包括"读懂中国共产党""读懂中国和世界的关系"，从而逐步实现"大合作"。

这个事业不容易，但值得干。希望越来越多的朋友加入我们的事业，且给我们以指教。让我们一起努力！

二〇二一年六月

目 录

序言：世界大变局下的回顾和前瞻

第一部分 结构与战略 / 1

第一章 美国大选后北京的期冀和疑虑：
重启中美关系并非易事 / 3

第二章 拜登的对华战略："联盟驱动的竞争"
还是"冷战式的对抗"？/ 12

第三章 从"9·11"事件到阿富汗撤军：美国安全战略
调整的困境和冲击 / 32

第二部分 焦点与漩涡 / 55

第四章 螺旋式下坠的台海局势 / 57

第五章 佩洛西台湾行：挑起史上第一次人工智能战争？/ 65

第三部分 中产与包容 / 79

第六章 分道扬镳？逆全球化时代的中美中产阶层 / 81

第七章 同舟共济：寻求中美两国中产阶层的再度合作 / 106

第四部分 青年与观念 / 119

第八章 中国千禧一代：驾驭数字时代社会经济的多元与差异 / 121

第九章 华盛顿如何疏远了中国的年轻人 / 149

第十章 特朗普鹰派团队作茧自缚的对华政策 / 165

第五部分 州省与民间 / 175

第十一章 为什么地方利益和州省交流很重要 / 177

第十二章 科比及体育交流对中美友谊的深远影响 / 186

第十三章 以多元文化交流重塑中美关系 / 192

第六部分 反思与共存 / 199

第十四章 大国合作共克全球数字鸿沟 / 201

第十五章 重塑前的反思：了解未来的挑战和机遇势在必行 / 208

序言：世界大变局下的回顾和前瞻

作为一个长期在华府智库研究中美关系的学者，注意到近几年来华盛顿对北京的不信任、焦虑和恐惧与日俱增，担心将被中国取而代之，把中国一些合理的防守措施当作是进攻性威胁。

当然，美国内部的撕裂，包括政治、经济、社会的困境，给中美关系乃至逆全球化浪潮带来众多的不确定性和负面冲击。新冠疫情又进一步加剧了中美双方的猜疑和指责。俄乌冲突的发生和僵持不仅助长了美国决策部门以意识形态为基础的两极化阵营对立的冷战思维，而且加速了美国的印太战略。众所周知，美国国会和行政部门关于台湾的一些举措也加剧了台海的紧张局势。今日世界正处在战争与和平、极化与共存、脱钩与合作的又一个新的十字路口。

中美关系之变、世界局势之变

中美关系正处于建交40余年来的最低谷。这一世界上最重要的双边关系正在朝敌对和危险的状态发展。不仅双方互相指责,而且两个大国之间发生军事对抗和战争的风险也在上升。有些人用零和博弈的思维方式,甚至想看对方发生不幸和灾难。

这种局面的改变需要双方认知的深刻变化。中美关系在历史上曾经有过同舟共济、同仇敌忾的峥嵘岁月。自从尼克松总统和基辛格博士20世纪70年代访华以来,中美合作有过多方面的、了不起的建树性成就。两国人民之间的好感和各界的密切交往不容置疑。人性是不变的,同样是两个伟大的文明,两个勤劳的民族,只是环境发生了巨大变化,两国各自的焦虑、困境、期望和国力的变化会导致出现很多认知上的不同。

从更广阔的视角来看,我们应该把中美关系放在世界经济、政治和安全版图的根本性变化中来分析,在世界的大变局、时代的大变局中来解读中美关系的变化。正如中国共产党二十大报告中所说,当前所处历史时期是前所未有,百年未遇的。在人类历史上,很少有比瘟疫、战争和饥荒更可怕的灾难,而如今它们正在同时发生。新冠疫情在全球蔓延，战争在欧洲爆发并有可能扩大，饥荒对非洲和其他一些欠发达地区造成很大威胁。最近有很多关于使用核武器的担忧和讨论，反映了人们对国际局势不稳定的焦虑。正如联合国秘书长安东尼奥·古特雷斯（António Guterres）最近所说，我们正处在一个非常令人担忧、非常危险的世界。①

贫富差距也成为全球性的重大问题。贫富差距拉大的趋势发生在两个层面：一是包括发达国家在内的各国内部贫富差距在迅速扩大。包括欧洲和北美在内，世界上很多国家正在面临经济萧条的前夜，这一点在未来的几年也许会变得更突出。西方中产阶级在萎缩，社会矛盾日益尖锐。这会给世界带来很多冲击，造成世界许多国家和地区的不稳定。未来还会有许多难以预料的"黑天鹅"和"灰犀牛"出现。

二是富国和贫国之间的差距在拉大，科技和通信革命既造成信息泛滥，也加深了数字鸿沟。发展赤字、安全赤字、环境赤字、医疗赤字、治理赤字都在加重。这势必造成很多新的矛盾和新的对立。同时，一些过去二三十年经济迅速发展的新兴市场国家包括中国也面临着本国经济结构调整

---

① António Guterres, "Nuclear Weapons Are not Yesterday's Problem, They Remain Today's Growing Threat." United Nations Website, January 4, 2022, https://www.un.org/sg/en/content/sg/articles/2022-01-04/nuclear-weapons-are-not-yesterday's-problem-they-remain-today's-growing-threat.

的挑战、国内生产总值增长放慢和国际环境负面变化的多重压力。

更为重要的是最近发生和目前还看不到尽头的俄乌冲突。这场已经持续一年多的冲突是二战以来世界秩序全面崩塌的标志性事件。国际秩序的倒塌以及重新确立的背后都是暴力与战争的腥风血雨。两极化阵营对立这种冷战特色在消失几十年后,又突然回到国际舆论特别是西方话语体系之中。我想没有人会天真地认为俄乌冲突是重塑国际秩序的最后一场冲突,或者认为其冲击仅限于欧洲大陆。这场战争带来的阴影在相当长的时间里都不会消失。

就美国本身而言,从特朗普到拜登,对华政策呈现延续性,这也表明中美两国关系结构性的矛盾是中美关系紧张的主要原因,而非个人和党派因素。这种结构性矛盾,主要是指两个方面:一是两国在国际体系权力结构中的位置出现变化,这也是中国国内人们常说的"老大老二"的结构性矛盾。可以这么说,二战结束以来,美国第一次面对一个治理能力、综合国力和技术潜力与自己旗鼓相当的国家。在未来很长一段时间中,中美保持这样势均力敌、各有千秋的局面应该是大概率。

二是政治制度和经济模式的不同。如果西方尤其是美国政治、经济、社会或者安全形势是蒸蒸日上或是稳定发展的，就不会在乎中国不同的政治制度和经济模式。但过去几年，西方社会特别是美国发生了多方面、多层次的危机，他们对中国的政治制度和经济模式既缺乏基本的了解，又带着极度的反感和恐惧。不管谁在白宫，都会对中国强硬。在美国国内矛盾尖锐的情况下，当政者既没有意愿也没有太多政治资源来改善中美关系。这种状况估计在未来许多年不会有根本性的改变。

然而，这并不意味着像中美两国有些学者所担忧的那样，中美关系是一个所谓的"垂直的坠落"[①]，并不预示着武力较量和战争是必然注定的。我认为中美战争是可以也是必须避免的。就目前来讲，中美决策者都不愿相互间发生直接战争，因为这很可能是一场后果极其严重的毁灭性战争。所以我认为中美关系中会有不安、抵制、强硬和对抗，但中美两国正面、理性、积极的力量始终是存在的，而且也存在着互动，包括两国元首的会晤，两国商界、学界的紧密接触，省州间和民间的合作和交流，数字化时代中美年轻人的沟通，这些都是有助危机管控的重要因素。

[①] 郑永年，"比自由落体还糟糕的中美关系。"《澎湃》新闻，2020年5月19日，https://www.thepaper.cn/newsDetail_forward_7458170。

扩大利益汇合点、寻求最大公约数

在中美关系目前和未来的这种僵持局面中，没有什么比扩大利益汇合点和寻求最大公约数来得更为重要的了。庆幸的是中美两国领导人都强调了其关键作用。2021年9月，习近平主席在联合国大会发言中阐述："国与国难免存在分歧和矛盾，但要在平等和相互尊重基础上开展对话合作。一国的成功并不意味着另一国必然失败，这个世界完全容得下各国共同成长和进步。我们要坚持对话而不对抗、包容而不排他，构建相互尊重、公平正义、合作共赢的新型国际关系，扩大利益汇合点，画出最大同心圆。"①

习近平主席所作的二十大工作报告又强调了"致力于扩大同各国利益的汇合点。"现任中央政治局委员王毅在解读工作报告时也表明，中国政府努力汇聚全球治理最大公约数。因为这可以为实现中华民族伟大复兴"营造和平稳定的国际和地区环境。"②中央宣传部部长李书磊在二十大后也撰写文章强调："文明的繁盛、人类的进步，离不开

---

①"习近平在第七十六届联合国大会一般性辩论上的讲话。"新华社，2021年9月22日，http://www.gov.cn/xinwen/2021-09/22/content_5638597.htm。

② 王毅，"全面推进中国特色大国外交。"《人民日报》，2022年11月8日，http://www.gov.cn/guowuyuan/2022-11/08/content_5725232.htm。

求同存异、开放包容，离不开文明交流、互学互鉴。"①

2022年11月习近平主席和拜登总统在印尼巴厘岛举行会晤后，中美双方都表达了在中美利益交汇点合作的意愿。拜登总统强调，"美国和中国必须共同努力应对跨国挑战——例如气候变化、包括债务减免在内的全球宏观经济稳定、卫生安全和全球粮食安全——因为这是国际社会的期望。"② 拜登总统的气候变化事务特使、前国务卿约翰·克里最近指出："中美之间目前存在很多差异已经不是什么神秘的事情了。但在气候变化问题上，中美合作是摆脱人类目前破坏性行为的唯一途径。"③

尽管中美关系中有多方面的矛盾和分歧，也有利益冲突的因素。但我认为有两个根本点是利益一致的。第一，两国都不希望世界的经济和金融不稳定。就像美国前财长萨默斯（Larry Summers）几年前说过的：你可以想象中

---

① 李书磊，"增强实现中华民族伟大复兴的精神力量。"《人民日报》，2022年11月10日，http://politics.people.com.cn/n1/2022/1110/c1001-32562718.html。

② The White House, "Readout of President Joe Biden's Meeting with President Xi Jinping of the People's Republic of China." November 14, 2022, https://www.whitehouse.gov/briefing-room/statements-releases/2022/11/14/readout-of-president-joe-bidens-meeting-with-president-xi-jinping-of-the-peoples-republic-of-china/.

③ "John Kerry, Remarks on the "Urgency of Global Climate Action," Royal Botanic Gardens, Kew, London, July 20, 2021, U.S. Department of State, https://www.state.gov/remarks-on-the-urgency-of-global-climate-action/.

美两国经济都不错，也可以想象中美两国经济都不好，但很难想象两者一个非常成功，一个一败涂地，这在21世纪是不可能的。① 这就告诉我们，维持世界经济稳定和金融稳定是两国共同利益。在目前和未来相当长的一段时间里，无论是在全球贸易还是外汇储备占比份额，人民币的比率都是很小的。因此全球金融秩序的崩溃对美国和中国都是一场灾难。

第二，中美两国都不想陷入两个超级大国的战争。避免21世纪毁灭性战争是两国共同利益所在。如果中美交战，任何一方都没有办法真正赢得这场战争。作为世界上顶尖的两个人工智能超级大国，他们无法将战争限制在某一个区域或范畴，或只是代理人的战争，因为枪声一响，现实中很难控制战争的迅速升级。

如果说中美在以上两个关键点上都是一致的，那么所谓的根本利益冲突就无从谈起。

海外学者之视角、换位思考之重要

本书以一个长期在美国生活和工作的华裔智库学者的

---

① 雷旋，"前美财政部长萨默斯：中美经济非'零和游戏'。"BBC News 中文，2016年1月30日，https://www.bbc.com/zhongwen/simp/world/2016/01/160130_larry_summers_us_china_economy。

视角,来观察、评论、分析中美关系。不仅致力于"读懂中国",解读中国崛起后的新格局、新思维和新战略,以及面临的新问题、新环境和新挑战,同时也希望帮助中国国内的读者"读懂美国"。

我的鄙见是,当前中国对外部世界的了解,尤其是对近年来迅速变化中的美国内政外交的认识,有许多欠缺之处。虽然世界和美国对中国的了解非常不足,但这不能减少中国因了解世界不够所造成的不利因素。国内有些知识分子不够了解中国自己的短板,盲目自大,因而受到海内外的很多批评。

本书从多层次、多方面印证和回响了在中美关系不景气的环境下扩大中美利益交汇点的至关重要性。同时也具体提出了有突破性可能的一些领域和群体。而这些努力中更需要强调的是中美学者应该换位思考"找相同点"。在西方"脱钩论"甚嚣尘上的背景下,中国需要更多的开放,更多的换位思考,更多的求同存异,更多的对外合作。

坦率地来讲,中方在推动中外交流的过程中还有许多不足之处需要弥补和避免。在中外交流中,强调不同易,寻找相同难。人类文化是共通的,在国际交往中,真正珍贵的是强调相同点,在彼此的不同中寻求相互沟通，减少对抗。

中美关系中的某些紧张和冲突，是过分关注差异的结果。事实上，将注意点扩大到共同身份和双方的相似之处，将有助于看待彼此更人性化而不是妖魔化，可以培养同理心，彼此尊重，并扩大共同利益。这也正是中国驻美大使馆公使井泉在接受采访时所说的："要想办法把合作做大，把利益联系拉紧，增加外界对中美关系的信心和正面预期。"[①] 也就是说，在中美关系不断恶化背景下，我们亟须寻找新的交往和合作的推动力。

章节内容、观点简介

全书是作者自 2020 年 3 月以来的过去三年中关于中美关系的时政文章选编。大多数文章最初是以英文发表。为了维持其原有的写作背景，绝大多数章节并未做内容的编辑或更新。每一章都注明其原稿的出处和时间。为了控制篇幅，也删去了几篇内容有些重复的段落。这篇序言的全文和某些篇章为从未发表过的新内容。根据切入点和内容的不同，本书分为六个部分：1）结构与战略；2）焦点

[①] "独家对话驻美国一线外交官：现在是滚石上山，不能松手。"《中美印象》，2023 年 1 月 1 日，http://cn3.uscnpm.org/model_item.html?action=view&table=article&id=29063。

与漩涡；3）中产与包容；4）青年与观念；5）州省与民间；和6）反思与共存。

第一部分"结构与战略"阐述中美关系走向低落时期的结构性原因和美国战略调整的困境对全球包括中国的冲击。第一章是在2020年11月总统大选刚结束后发表于美国著名刊物《外交》杂志。文章分析了北京对此的即时反应，尤其是对中美关系在新任拜登政府期间的期冀和疑虑。作为预测，作者认为主要基于美国内政的原因，重启中美关系并非易事。第二章写于拜登政府执政100天之际，评估拜登团队走向"以价值观为基础的外交"和"结盟冷战"的趋势。同时分析了中国、俄罗斯和伊朗的对应措施。提出了如果这种"行动与反行动"的趋势持续下去，世界将分裂为两套体系和两个集团。这对世界的稳定和发展不利。无论是短期还是长期来讲，对美国也不利。第三章发表于"9·11"恐怖袭击和阿富汗战争20周年以及拜登政府喀布尔狼狈撤军之时，回顾分析了这些事件对美国的国际地位和美国国民心态的巨大影响以及华盛顿安全战略的调整。

第二部分"焦点与漩涡"有两章，都是聚焦台湾问题。第四章的大部分内容最初发表于"德国之声"对作者的中文专访。文章分析了台海两岸和美国三方的忧虑和举措，提出了中美关系正处于螺旋式下坠的局面。台海紧张局势是互相强化的恐惧和敌视的表现所在。也是中美关系长期的焦点和目前负面漩涡的中心。第五章写于美国众议院议长佩洛西2022年8月台北之行时。与中美两国学者的大多数分析文章不同，这一章强调台海战争很有可能将是一场两个人工智能大国之间的战争。人工智能在全面战争中被广泛应用将是不可避免的。基于此，应该找到一些机制来避免军事冲突的发生——来阻止这场并无胜家的灾难性战争。

第三部分"中产与包容"的两章都是关于中美两国的中产阶层。第六章解析了中美两国中产在过去40年全球化过程中的不同经历——中国中产的诞生壮大和作为对应的美国中产的萎缩。这一讨论一方面解释了美国中产和劳工阶级游说和阻拦拜登政府减免中国关税的主要原因，因为这一阶层认为只是华尔街与大企业在与中美贸易中获益。另一方面也说明了拜登上台后提出"中产阶级外交"和特朗普2016年胜选也是得益于中产选民支持，通过减税来打中产阶级牌。同样地来看中国政府，2001年提出优先减贫和扩大中等收入群体，而后习主席又提出中国梦和共同富裕，重点都是扩大中等收入人群。第七章提出华盛顿和北京应该从两国中产这个角度寻找共同点弥合分歧，改善两国关系。美国应当正视中国出现庞大的中等收入群体。只有正确认识中国的中等收入群体，才能正确认识中国崛起的复杂性、变化性、多元性。中国中等收入群体的壮大，也应给其他国家包括美国的中产带来更多的增长空间。

第四部分"青年与观念"聚焦中美关系中的一个重要群体——两国的年轻人。第八章详细分析了中国的千禧一代以及更年轻的一代。他们是数字时代的"互联网原住民"。他们比上一辈世界观上更多元，也有更多的国际化经历，包括有一些人有在美国生活的经验。在面对气候变化、反对性别歧视等公共事务议题时，他们跟西方同龄人的观念是非常接近的。同时他们又为中国近期的历史性崛起而自豪，希望中国强大，期待中国人得到应有的国际尊重。第九章进一步分析近些年来华盛顿如何疏远了中国的年轻人。美国对中国的围堵和打压，对中国留学生的指责和限制，再加上美国民主和社会出现的弊端和撕裂解释了中国年轻群体在政治上对美国缺乏信任和好感的原因。第十章回顾了特朗普后期鹰派团队的反华举措。日益高涨的针对中国公民和华裔美国人的种族主义和麦卡锡主义从根本上背弃了美国最后残存的影响中国的软实力杠杆。同时这一部分也讨论了美国 Z 世代年轻人的价值取向和全球视野。美国近期的许多民调都有一个一致的发现：29 岁以下的年轻人对中国有好感的比例比年长者高 15 到 30 个百分点。对两国年轻人的分析给中美关系的未来带来了新的希望。

第五部分"州省与民间"论述了除中等收入人群和年轻人以外，推动中美关系的第三个力量。第十一章解释为什么中美间地方利益和州省交流很重要。在40多年的交往中，这两个世界上最大的经济体已经结成50个姐妹省州和284个友好省州和城市。美国的州政府在中国设立了27个代表处，比在其他任何国家都多。2021年的一个调查显示，中国是美国15个州最大的贸易伙伴，而且这15个州都是美国政治地位非常重要和经济上的大州，比如加利福尼亚州、纽约州、佛罗里达州，以及选举比较激烈的像宾夕法尼亚州、佐治亚州和弗吉尼亚州。第十二章通过中国大量民众对科比·布莱恩特不幸离世的悼念反映了中国民众长久以来因这位美国篮球巨星对中国表达善意而对他怀有的敬佩之情以及他对公共外交政策的深远影响。同时也再次提醒我们，美中关系不仅是国与国的关系，还应被视为民间的关系。第十三章呼吁两国以多元文化交流来重塑中美关系。两国的文化和教育交流是两国关系的底线和基础。中美关系至今保持着，实际上是由于文化和教育交流的广泛和深入。

第六部分也是书的最后一部分，"反思与共存"。第十四章呼吁中美两国在数字领域联合起来承担共同抗击数字鸿沟和新冠疫情的责任和义务：全球 70 个最大的数字平台中，美国和中国企业占总市值的 90%。两国拥有的 7 个"超级平台"（包括微软、苹果、亚马逊、谷歌、脸书、腾讯和阿里巴巴）占总市值的三分之二。第十五章总结强调重新思考或发展新的思维方式是中美两国智库和学界的主要任务。任何重塑中美关系的意愿必须努力更正两国间根深蒂固的认知和战略上的缺陷和偏颇。只有这样我们才能摆脱惯性思维、阻止正在相互加剧的敌意，寻找共同利益和新动力，最重要的是，创造未来新一轮全球化的包容性经济增长。

逆全球化、单边主义、两极对抗都不符合当今世界的发展需要，我们所在的世界应该是多边主义的。但是很遗憾，正如基辛格博士指出的，一些国家梦游般地陷入了歧途。[1] 基辛格博士不仅给了我们警示，也指明了出路：今天的美国和中国几乎是同等强大的，这在世界近代史上都是罕见的，其中任何一方都无法全面摧毁对方而自己幸存。[2] 如果战争爆发，这将是一个绝对没有赢家的战争。所以这就是为什么中美两国必须找到一个全新的方式和视角来扩大利益交汇点，使双方共存，让全球获益。

---

[1] 基辛格，"与中国的对抗将引发没有胜者的冲突。"《观察者》网讯，2021 年 5 月 22 日，https://www.sohu.com/a/467999152_115479。

[2] 同上。

第一章　美国大选后北京的期冀和疑虑：重启中美关系并非易事 ●
第二章　拜登的对华战略："联盟驱动的竞争"还是"冷战式的对抗"？●
第三章　从"9·11"事件到阿富汗撤军：美国安全战略调整的困境和冲击 ●

第一部分

⋘ 结构与战略

第一章　美国大选后北京的期冀和疑虑：重启中美关系并非易事[①]

中国从来没有像 2020 年这样密切关注过美国总统大选的结果。中国领导人认识到，虽然大选会给下一个四年里的中美关系定下基调，但无论谁入主白宫，未来的趋势是矛盾和竞争将定义中美关系。[②] 同时中方也认识到，如果拜登击败特朗普，两国当下的激烈对抗也许会有缓和的机会。

在特朗普担任总统期间，中美两国关系以惊人的速度恶化。贸易战是两国关系摩擦最明显的例子，更大范围内的战略紧张局势也增加了冲突的风险。特朗普政府对华的

[①] 本章见作者所著的英文文章"Hopes and Doubts in Beijing: Resetting U.S.-Chinese Relations Won't Be Easy？",发表于 Foreign Affairs (《外交》), November 13, 2020, https://www.foreignaffairs.com/articles/united-states/2020-11-13/hopes-and-doubts-beijing,中译文"北京的期冀和疑虑：重启中美关系并非易事"发表于参考消息网，2020 年 11 月 17 日。作者感谢海国图智研究院邬弘扬和柯曼琪的翻译。

[②] 王子晖，"'斗争'！习近平这篇讲话大有深意。"新华网，2019 年 9 月 4 日，http://www.xinhuanet.com/politics/xxjxs/2019-09/04/c_1124960210.htm。

舆论炮轰、公开的种族主义言论、旨在实现"脱钩"的政策以及涉及中国内政的言论让中国各界人士深感震动。尽管如今中国公众对特朗普的看法仍然存在一些分歧，但毫无疑问的是，2020年美国大选后中国社交媒体上的普遍情绪是放松和谨慎乐观的。

但是经验表明，如此的乐观情绪会迅速转变。就在四年前，中国得知特朗普当选美国总统时，媒体舆论中也存在类似的热情。许多中国人将特朗普视为一个有务实精神的商人，而事实证明这一想法有些一厢情愿。如今，中国的外交政策机构仍然保持了警惕，对未来与拜登政府的关系保持谨慎乐观的态度。决定特朗普对华政策的许多客观因素仍然存在，重设中美大国关系的任务并不轻松。

特朗普带来的麻烦

在美国历届总统大选期间，中国一直都避免在官方口径中表现出对任何一位候选人的偏爱。长期以来，中国的官方说法是："中国从不干涉美国内政。"[①] 然而，在特朗普掌舵美国期间，中国很难对中美关系的前景表示乐观。尽

---

① 王毅，"中国从不干涉美国内政。"腾讯网，2020年9月12日，https://new.qq.com/rain/a/20200912A025HS00。

管有评论认为，若特朗普连任，其执政期间的混乱和对抗会反向刺激中国的实力增长，但特朗普不可预测的外交政策在过去四年里已然大大增加了两国发生冲突的风险。

无论在官方还是社交媒体上，中国的舆论界和学界对特朗普和拜登有着截然不同的看法和分歧。一些持有零和博弈观念的人认为特朗普破坏了美国国内凝聚力和国际影响力，美国的损失变成了中国的收益。还有一些人仍然认为，与具有商业头脑的特朗普打交道比以价值观为中心的拜登打交道要容易得多。尤其是拜登对民主、法治和种族平等的重要性持有强烈的看法。

与广大民众一样，中南海的决策者对美国的评估也可以说不是铁板一块。尽管如此，领导层普遍对特朗普连任是否能够改善美中关系的前景持悲观的态度。这一观察结果与美国外交政策机构（包括情报报告中）的普遍情绪一致，即中国更喜欢拜登，俄罗斯更喜欢特朗普。[①] 虽然一些中国决策者持有现实主义的世界观，但他们也目睹了特朗普总统变幻莫测的外交政策，尤其是他的团队对中共的强硬、敌对态度，这有可能将两国关系推入冲突的漩涡。

特朗普政府在台湾问题上的动作尤其引人关注。随着

---

① Miles Parks, "U.S. Intelligence: China Opposes Trump Reelection; Russia Works Against Biden." NPR, August 7, 2020, https://www.npr.org/2020/08/07/900245813/u-s-intelligence-warns-china-opposes-trump-reelection-russia-works-against-biden.

特朗普签署美国国会起草的旨在强化美台联系的"2018年台湾旅行法案"和"2019年台北法案",中国对特朗普强烈反感,也进而对美国采取更加强硬的对抗措施。尤其是特朗普政府正试图以冷战手段应对中国。国务卿蓬佩奥和高级贸易顾问彼得·纳瓦罗等官员甚至开始对中国内政发难。如果特朗普再任总统,中国将对在下一个四年中与美国和谐共处不抱任何幻想。

拜登的外交承诺

很多中国人心里都很清楚,美国对中国的敌意并不只存在于特朗普身上。共和党和民主党人士都曾在舆论中炮轰中国,并主张美国与中国实现脱钩。而与此同时,又有很多中国人觉得美国在反华议题上不是铁板一块。值得注意的是,在副总统辩论期间,彭斯和哈里斯都没有明确回答"美国是否应当将中国视为对手或敌人"。[①] 从某种角度而言,美国政坛似乎缺乏中美关系议题的总体战略框架,美国政坛对对华政策意见是不一致的。

---

① Susan Page, "Read the Full Transcript of Vice Presidential Debate Between Mike Pence and Kamala Harris." USA Today, October 8, 2020, https://www.usato-day.com/story/news/politics/elections/2020/10/08/vice-presidential-debate-full-transcript-mike-pence-and-kamala-harris/5920773002/.

拜登还经常将特朗普的对华政策定为失败，向中国官员暗示，他即将上任的政府将不会采取特朗普所有对抗性立场，包括脱钩的目标。中国外交政策机构内部的分析师认为，拜登外交政策团队拥有许多经验丰富的专业人士，[1]在外交方面也比较讲道理。有观察者发现，当今中美领导人在各自国家担任副职的任期重叠期间保持着长期友好的工作关系。根据奥巴马执政期间任国家安全委员会高级官员丹尼尔·拉塞尔（Daniel Russel）的说法，拜登和习近平在过去有过11次会晤。在2011年和2012年的18个月内，他们俩一对一的会晤长约25个小时。[2]虽然在总统辩论中，拜登谈及中国话题时语气也十分强硬，但是中国认为这是拜登在大选期间逢场作戏，不能说明他未来在真正外交场上的态度。

除此之外，中美观察者意识到，如果追溯到尼克松时代，美国两党对华态度与现在相比是截然相反的：在那时，共和党显然更加亲中，民主党则反之。研究人员指出，现在美国国会中国问题委员会的15名成员都是共和

---

[1] 陈征，"谁在帮助拜登制定对华政策？"观察者，2020年10月8日，https://www.guancha.cn/chenzheng/2020_10_08_567417.shtml。
[2] 迈克尔·克劳利，"拜登的非正式外交：如何与习近平这样的外国领导人建立'私人关系'。"纽约时报中文版，2020年7月6日，https://cn.nytimes.com/usa/20200706/joe-biden-foreign-policy/。

党人，而该委员会以对中国的强硬态度闻名。相较之下，2020年9月，在民主党控制下的众议院，229名民主党人投票赞成一项谴责反华歧视的国会决议。而与此同时只有14名共和党人支持该决议（另有164名共和党议员反对）。[1] 此外，许多美国民意调查也显示，共和党支持者对中国的敌意比民主党支持者要更强烈。[2]

如何"重启"中美关系？

即便中方更倾向于与美国民主党政府合作，双边关系的重置也不会很容易。选举后共和党控制参议院的可能性使得对华政策风向扭转更加困难。中国开始认识到，2020年大选暴露出了美国内部严重的政治分歧，这将迫使拜登专注于缓解国内紧张局势，并使得拜登缺乏完全改变美国对华政策的政治资本。此外，中方担心，出于弥合党派分歧的考量，拜登政府可能采取强硬对华政策以与共和党人建立合作共识。如果是这样，两国之间的对抗甚至可能会

---

[1] 李东尧，"美国众议院通过决议谴责'中国病毒'等反亚裔措辞，只有14名共和党人加入。"环球网，2020年09月18日，https://news.cctv.com/2020/09/18/ARTITCB8OczKc6zf5WV0hiOs200918.shtml。

[2] 巴曙松和庞晓东，"从美国两党对华态度的异同看大选后美中关系的走向——北大汇丰金融前沿对话。"2020年第23期总第70期。https://english.phbs.pku.edu.cn/uploadfile/2020/0611/20200611060942531.pdf。

继续加速，而不是在合作与竞争之间保持稳定的平衡。

毫无疑问的是，在利用美国的软实力扩大对华影响方面，拜登的政策会比特朗普的更有效。当然，中国也许会对这些来自华盛顿的空头呼吁一笑置之。相比之下，中国认为其周边地区的不稳定因素才是对其国家主权、领土完整和国内稳定的首要威胁。对中国而言，在这些边境地区的争议，是不容妥协的。

如今，中国正在评估拜登对中国所有可能的政策。一方面，中方期待在多个领域与美国恢复接触。在奥巴马的八年任期中，单单是政府主导的中美双边对话就进行了多达 105 次，对话的主题包括女性问题、幼儿教育、太空探索、网络犯罪和气候变化等等。相比之下，特朗普政府在其当选的头两年就将这些沟通渠道压缩到四个，随后完全终止了它们。

根据拜登的外交出访安排，中国对在全球公共卫生（尤其是共同应对新冠疫情）、气候变化、核不扩散、反恐、网络安全以及全球经济和金融稳定等问题上开展合作特别感兴趣。去年夏天，杨洁篪主任将这些问题概述为美中密切协调与合作的领域。此外，杨洁篪认为中国在与美国合作解决阿富汗、朝鲜半岛和中东的地缘政治挑战方面存在可能性。

与此同时，中方认为中国的经济复苏、对新冠病毒的应举措对、社会政治的相对稳定以及日益增长的国际影响力为中国在中美关系中增加了筹码。中国领导人可能会在某些方面满足美国的需求，但会在任何涉及中国台湾主权问题和中国其他核心利益的事务上拒绝妥协。

期待重归于好？

毫无疑问，拜登政府领导的美国会与中国在合作和竞争的海洋中相伴航行，但中美紧张关系也将持续。与此同时，一些有影响力的中国学者认为，拜登的当选总体而言对中美关系是有益的。中国人民大学教授时殷弘最近称，拜登将为美国对华政策提供稳定性和可预测性。[①]

但同时他认为中国与拜登政府合力制止对抗升级的机会窗口会非常短暂。随着中国在世界舞台上的影响力日益增强，以及美国国内政治环境的动荡恶化，两国关系的修补正在变得愈发艰难。时殷弘强调，中国和美国都不应错过未来的几个月，那将是重新审视过去的失误、重新建立稳定关系的宝贵机会。从某种角度而言，时殷弘有些偏离

---

① 时殷弘，"拜登上台，对中美关系有何利弊？"凤凰网，2020年11月8日，https://i.ifeng.com/c/81DJOoDOB6p。

了官方口径，他希望克服零和思维，这也反映出中国许多公共知识分子和中国民众对美国的善意——尤其是对即将上任的拜登政府的善意。只有时间会证明这些观点有无可能改变中美关系的走向。

第二章 拜登的对华战略:"联盟驱动的竞争"还是"冷战式的对抗"? ①

1998年,当美国在世界舞台上享有至高无上的权力和影响力时,卡特总统的前国家安全事务助理兹比格涅夫·布热津斯基发表了他那本关于大战略的经典著作《大棋局:美国的首要地位及其地缘战略》。作为世界上最重要的战略思想家之一,布热津斯基在这本书中向美国的外交政策机构发出了一个警告:

> 最危险的情况可能是中国、俄罗斯,也许

---

① 本章最初为作者以英文写就,标题为"Biden's China Strategy: Coalition-driven Competition or Cold-War-style Confrontation?",发表于 *The First 100 Days of the Biden Presidency*[《解读拜登总统的100天:展望和前景》], In Mohammed Al-Ali and Ahmad Al-Astad (eds), Abu Dhabi, UAE: Trends Publications, 2021, pp. 57-75。复旦发展研究院所属的复旦中美友好互信合作计划独家授权全文翻译中文版发表,2021年5月26日,https://fddi.fudan.edu.cn/d3/db/c21253a316379/page.htm。作者感谢 Alison Berman、Ryan McElveen 和 Holly Zhang 对本章提出的建设性批评和建议,尤其是张傲然和信妍精细到位的专业翻译。

第一部分 结构与战略

还有伊朗组成的大联盟，这个"反霸权"联盟不是因为意识形态，而是因为各自的不满而联合起来。它的规模和范围会让人想起中苏阵营曾经带来的挑战，尽管这一次中国可能是领导者，而俄罗斯是追随者。要避免这种突发事件，无论它多么遥远，都需要美国在欧亚大陆的东、南、西三面同时展示地缘战略技巧。[1]

今天的地缘政治格局似乎反映了布热津斯基二十五年前的担忧。在拜登总统执政的百日内，美国新政府基本上延续了特朗普政府对中国的鹰派做法。拜登总统还将以建立国际性的联盟作为他的主要外交政策倡议，这与前任总统的"美国优先"方式有着明显的差异。

为了应对这一战略举措，中国在近期加强了与俄罗斯和伊朗的外交、经济和军事关系，从而使这些国家在后冷战时代以来建立了最密切的关系。这种"类似冷战的阵营"或"冷战式联盟"（也称"结盟冷战"）——世界各地的政府官员和地缘政治分析家都在使用这个新词——反映

---

[1] Zbigniew Brzezinski, *The Grand Chessboard: American Primacy and Its Geostrategic Imperatives* (New York: Basic Books, 1998), p. 54.

了国际社会对拜登的外交政策战略的担忧。①

目前拜登政府仍在检视其对华战略和政策,预计将在2021年夏季最后确定。外交团队的高级官员经常强调三个"C":竞争(competition)、合作(cooperation)和对抗(confrontation)。美国国务卿安东尼·布林肯曾说,拜登新政府的对华方针是"该竞争的时候竞争,该合作的时候合作,该对抗的时候对抗"。②虽然拜登政府重申了可以与中国在符合美国利益的领域进行协作和合作的愿望,这与特朗普政府最后一年"全面脱钩"的对华政策形成了鲜明对比。然而,拜登本人用"激烈的竞争"定位美中关系。③

世界是否正朝着已故的布热津斯基所说的"最危险的情况"发展?拜登政府可以做些什么来区分"联盟驱动的竞争"和"冷战式的对抗"?其他国家将如何应对这种"激烈的竞争",尤其是如果日后演变成一种敌对关系?拜

---

① Stuart Lau and Laurenz Gehrke, "Merkel Sides with Xi on Avoiding Cold War Blocs." *Politico*, January 26, 2021, https://www.politico.eu/article/merkel-sides-with-xi-on-avoiding-cold-war-blocs/. For the Chinese term, see *Zaobao* (Singapore), January 27, 2021, https://www.zaobao.com.sg/realtime/china/story20210127-1119644.

② Nick Wadhams, "Blinken Says Only China Can Truly Challenge Global System." *The Bloomberg*, March 3, 2021, https://www.bloomberg.com/news/articles/2021-03-03/blinken-calls-china-competition-a-key-challenge-for-the- u-s.

③ Vivian Salama and Gordon Lubold, "Biden Says He Sees China as 'Stiff Competition'." *The Wall Street Journal*, March 25, 2021, https://www.wsj.com/livecoverage/biden-press-conference-live-updatesanalysis/card/ifirn5yjOObkp0pm-2Lzv.

第一部分　结构与战略

登政府的对华战略在多大程度上反映了特朗普政府的持久影响？拜登政府最近的一些举动能否被解释为临时战术而非长期战略？美国国内的政治压力以及中国的经济和技术挑战对拜登对华战略的形成起到了什么作用？本章旨在探讨这些关于当今世界上最重要的双边关系的关键问题。

赫然出现的两个竞争性集团？

华盛顿专注于改善与盟友的关系，以对抗中国日益增长的实力和影响力。美国认定的北京在国内和世界舞台上日益"强硬"的行为已经引起了美国和盟国的严重关切。[1] 即使在总统竞选期间，拜登也非常明确地表示，他的政府将优先考虑与美国的传统盟友紧密合作。在参议院确认听证会上，候任国务卿安东尼·布林肯重申了重振美国核心盟友的重要性，他认为这些联盟是"我们在全世界影响力的倍增器。"[2]

---

[1] Roland Rajah, "Vital Trade Lessons from China's Failed Attempt at Coercion." *The Australian*, April 14, 2021, https://www.theaustralian.com.au/commentary/vital-trade-lessons-from-chinas-failed-attempt-at-coercion/news-story/5bdd-e5f4e6e89e79818231fa7e1624a4.

[2] "Antony Blinken Opening Statement at His Senate Confirmation Hearing," January 19, 2021, United States Senate Committee on Foreign Relations, January 19, 2021, https://www.foreign.senate.gov/hearings/nominations- 011921.

拜登执政百日时间里，高级官员们积极推行这些优先事项，形成统一战线，对抗中国。布林肯和国防部长劳埃德·奥斯汀对日本和韩国的访问，二人分别在布鲁塞尔与欧盟和北约领导人的会晤，以及奥斯汀对印度的访问，都反映了拜登政府对建立联盟的迫切要求。值得注意的是，白宫还以视频会议的形式举办了一次四方安全对话峰会，首次将日本、澳大利亚和印度的最高领导人聚在一起。2021年4月中旬，拜登总统和日本首相菅义伟在白宫举行了会晤，一些美国媒体将其描述为"完全是为了中国"的一场峰会。[1]

从中国的角度来看，拜登政府最近的诸多举动表明，一场新的反华冷战即将来临。这些行动包括重组全球产业链和供应链，发起所谓的"芯片联盟"或"半导体产业联盟"，[2] 联合"志同道合的国家"以人权问题为由抵制中国产品和中国主办的活动，敦促欧盟国家重新考虑中欧全面投资协议，并在白宫举办"民主峰会"。一些中国学者，如

---

[1] David Wainer and Isabel Reynolds, "It's All about China as Biden, Suga Meet Amid Taiwan Tensions." *Bloomberg*, April 16, 2021, https://www.bloomberg.com/news/articles/2021-04-16/it-s-all-about-china-as-biden-suga-meet-amid-taiwan-tensions.

[2] Deng Yuwen, "The Real Gap between China and the U.S." Deutsche Welle, March 24, 2021, https://p.dw.com/p/3r2SC. See Soho Website, April 12, 2021, https://www.sohu.com/a/460379090_465219.

清华大学著名教授阎学通指出："拜登上台后实行的排华多边主义给中国造成的国际压力要远远大于特朗普的单边主义的对华政策。"①

这些行动以及中国对此的反应，越来越多地将世界推向形成两个贸易和投资系统、两个IT和互联网系统、潜在的两个金融和货币系统，以及两个政治和军事集团。正如一些中国和外国分析家所注意的，与美国领导的联盟体系竞争的核心成员包括中国、俄罗斯和伊朗。拜登执政百日内发生的一些令人震惊的事件，并在4月中旬实施了对俄罗斯的全面制裁，与伊朗的紧张关系随着纳坦兹（Natanz）核电站事件的发生而持续，②以及在安克雷奇中美高层对话中发生的非同寻常的外交（或非外交）冲突——无疑推动了中国、俄罗斯和伊朗更加紧密地合作。

尽管这三个国家之间缺乏"意识形态黏合剂"或信任，但它们倾向于表现出团结，来对抗它们认为的来自美国领导的军事同盟的强大威胁。俄罗斯外交部长谢尔盖·拉夫罗夫3月底应中方邀请，为庆祝《中俄睦邻友好

---

① 陈柯和罗代姣，"阎学通：拜登给中国带来的压力比特朗普更大。"《中美印象》，2021年5月7日。

② Assal Rad and Negar Mortazavi, "President Biden Must Follow the Advice of Candidate Biden on Iran." *Foreign Policy*, March 10, 2021, https://foreignpolicy.com/2021/03/10/president-biden-must-follow-the-advice-of-candidate-biden-on-iran/.

合作条约》签署20周年访问中国时表示："中俄关系目前处于历史上最好的水平。"① 拉夫罗夫进一步指出，他和他的同行、中国外交部长王毅都认为，中俄外交政策互动仍然是全球地缘政治的一个重要因素。②

几天后，2021年3月27日，中国和伊朗正式签署了一项为期25年的战略合作协议。该协议包括三个关键条款：1）中国将增加对伊朗能源设施和基础设施建设的投资，这直接削弱了美国主导的对伊朗的经济制裁；2）中伊之间的石油结算和贸易往来将使用中国人民币和中国新推出的数字人民币结算；3）伊朗将使用中国的北斗全球定位和导航系统，使伊朗的导弹不再受到美国拥有的GPS的干扰。③ 据一些中国分析人士称，中伊战略合作协议的签署是个里程碑性事件，表明中国的海外战略已经从被动防御转向主动出击。④

---

① Sergey Lavrov, "Sino-Russian Relations are Now at the Best Level in History." *China News*, March 23, 2021, https://www.chinanews.com/gj/2021/03-23/9438152.shtml.

② "Foreign Minister Sergey Lavrov's Remarks and Answers to Media Questions, Following Talks with Foreign Minister of China Wang Yi, Guilin, March 23, 2021." The website of The Ministry of Foreign Affairs of the Russian Federation, March 21, 2021, https://www.mid.ru/en/foreign_policy/news/-/asset_publisher/cKNonkJE02Bw/content/id/4647898.

③ 牛玉龙和杨振东，"人民币结算、北斗、5G——伊朗媒体称中伊全面合作计划干货满满。"腾讯网，2021年3月28日，https://new.qq.com/omn/20210328/20210328A09Q3E00.html。

④ 同上。

第一部分　结构与战略

中国领导人和公众并不相信拜登总统最近发表的声明,即这些以美国为首的联盟"不以反华为目的",美国"不寻求与中国的对抗"。① 中国媒体广泛报道了诸如美国强烈要求韩国加入四国联盟,还邀请英国、法国和德国参加3月在南海举行的被称为"自由航行"的海军演习。②

北京方面最关心的是拜登政府对台湾的立场。台湾"驻美代表"被邀请参加拜登总统的就职典礼,这是自1979年中美建交以来前所未有的行为,对中国政府来说是个不祥之兆。③ 中国评论员最近指出,拜登政府的四个举动大大加剧了海峡两岸的紧张局势:1)美国强行让日本和澳大利亚参与准备对该地区的军事干预;2)美国和台湾签署海上巡逻协议,鼓励台湾军队通过海上巡逻参与印度—太平洋安全事务;3)发布指导方针,鼓励美国和台湾之间的"官方交流";4)美国驻帕劳大使加入帕劳总统对台湾

---

① "Remarks by President Biden in Press Conference." The White House website, March 25, 2021, https://www.whitehouse.gov/briefing-room/speeches-remarks/2021/03/25/remarks-by-president-biden-in-press-conference/.
② "德国也来凑热闹!英法德舰齐聚南海,真为响应美国的号召?"搜狐网,2021年3月4日,https://www.sohu.com/a/453992055_120504280。
③ 时殷弘,"拜登政府对华态势考察:侧重于战略军事。"政治学与国际关系论坛,2021年4月。

的正式访问。① 意料之中的是，中方认为"美国的挑衅行为已经触碰到北京的红线"，② 中国媒体上涉美言论的言辞激烈达到了一个新的高度。

类似冷战集团的局限性

虽然看起来有些矛盾，但中国领导层也对以美国为首的冷战式联盟的有效性持怀疑态度。北京敏锐地意识到，欧洲和亚洲的一些领导人对华盛顿领导的冷战集团一直持批评态度或表示保留意见。拜登总统就职几天后，时任德国总理安格拉·默克尔明确表示，她"非常希望避免建立对抗阵营"。③ 同样，以批评北京、担心中国对英国的安全、繁荣和自由价值观的"系统性挑战"而闻名的英国首相鲍里斯·约翰逊也警告说："英国决不能被卷入与中国的新'冷战'。"④

正如中国领导人的智囊袁鹏最近指出的那样，尽管美

---

① 刘和平，"美国不会袖手旁观，正为军事介入台海局势做准备。"直新闻网，2021年4月12日，https://www.163.com/dy/article/G7DIOU4R0514FGV8.html。

② 时殷弘，"拜登政府对华态势考察：侧重于战略军事。"

③ Lau and Gehrke, "Merkel Sides With Xi on Avoiding Cold War Blocs."

④ Gavin Cordon and David Hughes, "Boris Johnson Warns against New 'Cold War' with China." *Irish Examiner*, March 16, 2021, https://www.irishexaminer.com/world/arid-40245650.html.

国和欧洲在民主和人权以及新疆和香港问题上意见一致，但欧洲人对与中国在经济和贸易方面的合作的必要性、核不扩散和气候变化等问题有独立见解。[1]许多欧洲国家更倾向于在华盛顿与北京之间保持同等距离。

美国在亚太地区的盟友也是如此。尽管安全问题和军事合作的需要是四国集团的首要目的，但在这一点上，四国集团不应该被视为以遏制中国为目的的军事联盟或亚洲的"小北约"。正如在日本任教的中国学者张云所言，"多边军事联盟在亚洲地区从未奏效"。[2]印度因其不结盟、中立和独立的原则，以及与俄罗斯的良好关系，不太可能改变其长期的外交政策姿态来加入美国领导的军事联盟。[3]

从更广泛的角度来看，非洲、南美和亚洲许多国家对中美两国的看法有深刻的不同。这些国家并不认为中国是对世界和平的安全威胁，也不认为中国包括"一带一路"倡议的经济拓展努力是带有"掠夺"或"债务陷阱"性质

---

[1] 袁鹏，"中美共通点与分歧点在高层对话期间都已袒露。"澎湃新闻，2021年3月24日，https://www.sohu.com/a/457004659_260616。

[2] Zhang Yun, "Quad: A Regional Military Alliance to Contain China Will Not Work" *ThinkChina*, March 25, 2021, https://www.thinkchina.sg/quad-regional-military-alliance-contain-china-will-not-work.

[3] 同上。

的外交举措。① 正如美国著名国际政治学者、哈佛大学肯尼迪政治学院教授,"软实力"概念提出者约瑟夫·奈最近观察到的,"近100个国家将中国视为其最大的贸易伙伴,而美国只有57个。此外,中国计划在未来十年内通过'一带一路'倡议为基础设施项目提供超过1万亿美元的贷款,而美国却削减了援助。"②

对一些研究美国外交政策的学者来讲,包括研究该议题的中国分析人士看来,拜登政府将实现国内振兴视为首要任务,与其对中国、俄罗斯和伊朗,以及其他诸如朝鲜和叙利亚等国家实行强硬积极外交政策的方针,两者之间似乎存在着根本的矛盾。在2020年总统选举之前,包括现任国家安全顾问杰克·沙利文在内的一批外交政策战略家和社会经济政策专家撰写了一份实质性的报告,即《让美国的外交政策更好地为中产阶级服务》,其中包括以下论述:

没有证据表明美国的中产阶级会支持旨在恢

---

① Thomas J. Christensen, "There Will Not Be a New Cold War: The Limits of U.S.-Chinese Competition." *Foreign Affairs*, March 24, 2021, https://www.foreignaffairs.com/articles/united-states/2021-03-24/there-will-not-be-new-cold-war.

② Joseph S. Nye, "What Could Cause a U.S.-China War?" *China-US Focus*, March 11, 2021, https://www.chinausfocus.com/peace-security/what-could-cause-a-us-china-war.

第一部分　结构与战略

复美国在单极世界中的首要地位的努力，升级与中国的新冷战，或在世界的民主国家和独裁政府之间发动一场无边无际的斗争。①

作者阐述说，新总统应避免"花费太多的生命和纳税人的钱"在冗长的军事冲突上。②

考虑到当选总统拜登的四大优先事项，包括抗击新冠病毒、加速经济复苏、确保种族公平和社会正义以及协调应对气候变化时，中方看到了这些议题上与自身利益的重叠，并希望这能为中美重新接触提供一个机会窗口。中国领导人认为，拜登政府可以通过中美双边合作，更快、更有效地实现这些目标。

然而，中国高层很快意识到，考虑到拜登政府的政治和战略评估，机会窗口极其狭窄，甚至根本不存在。③曾任中国外交部部长的杨洁篪对其美国同行说的那句现在众所周知的话——"我们把你们想得太好了"——再次证实了安克雷奇对话前中国的普遍看法："拜登团队和特朗普团

---

① Salman Ahmed, Rozlyn Engel, and others (eds.), *Making U.S. Foreign Policy Work Better for the Middle Class*. (Washington DC: Carnegie Endowment for International Peace. 2020), p. 3.
② 同上，p. 67。
③ 袁鹏，"高层战略对话在即，中美关系向何处去？"中国新闻网，2021年3月17日，https://www.chinanews.com/gn/2021/03-17/9434718.shtml。

队之间没有显著区别。"[1] 许多中国人现在认为，拜登政府可能比特朗普政府更不利于中美关系。在他们看来，拜登政府建立反华联盟的战略方针和对世界各国的意识形态呼吁，以及在新疆问题上对中国的定性，已经将中国逼到了墙角。

过去的阴影和现在的僵局

拜登团队长期以来一直批评前任政府的对华政策，并认为特朗普的对华政策是失败的。他们认为，特朗普的政府不仅没有有效遏制中国的全球扩张，也没有增强美国的硬实力和软实力，同时还以激烈的方式促成了军事冲突风险的增加。拜登团队明确宣称，与中国进行全方位的经济脱钩并不符合美国的利益。在总统竞选期间，拜登和他的团队声称，是俄罗斯而不是中国干预了2020年的美国大选，这一点在2021年3月15日发布的国家情报委员会报告中得到了证实。[2]

从北京的角度来看，特朗普政府最后一年对中国的强

---

[1] 袁鹏，"中美共通点与分歧点在高层对话期间都已袒露"。

[2] National Intelligence Council, Foreign Threat to the 2020 U.S. Federal Elections. ICA2020-00078D. https://www.dni.gov/files/ODNI/documents/assessments/ICA-declass-16MAR21.pdf.

硬态度表明，特朗普团队试图以美国在冷战中击败苏联的方式击败和摧毁中国。北京的评估是基于三个主要论据：

● 经济方面，特朗普政府旨在实施与中国系统的、完全的脱钩。

● 在政治和意识形态方面，特朗普政府追求政权更迭以推翻中国的政治制度。

● 在军事和安全方面，通过《2019年台北法案》和其他旨在破坏"一个中国"原则的行为，让中国担心美国会支持台湾独立。[①]

中国对这三种政策路径做出了坚定的反击，认为这对中美双边关系造成了重大损害，同时越来越将地缘政治视为零和博弈。特朗普政府的一些政策举措在中国激起了强烈的民族主义情绪。特朗普政府的这些举措包括耸人听闻地将中国说成是对美国的"全社会的威胁"，歧视中国和美籍华人科学家，声称中国政府正在将在美国大学就读的中国留学生"武器化"，使用"中国病毒"等词语，对中国内地和香港政府高级官员实行制裁，取消在中国的和平队工作和富布赖特基金项目，命令中国关闭其在休斯敦的

---

① Cheng Li, "Hopes and Doubts in Beijing: Resetting U.S.-Chinese Relations Won't Be Easy." *Foreign Affairs*, November 13, 2020, https://www.foreignaffairs.com/articles/united-states/2020-11-13/hopes-and-doubts-beijing.

领事馆，并对中国访美人员有所限制。①

拜登总统确实扭转了上述的一些政策。例如，他用行政命令禁止使用"中国病毒"等词语，并谴责对美国华人和亚裔的种族定性。但特朗普团队的上述大部分政策仍然存在。就台湾海峡的紧张局势而言，许多研究者认为，如前所述，拜登政府期间可能发生军事冲突的风险有所增加。有人可能会说，北京继续采取激进措施加剧了紧张局势升级，因此美国的举措可以被视为是基于对中国军事威胁的担忧而做出的回应。

两个重要因素可能有助于解释目前双边关系中的危险对峙。第一是美国国内关于中国政治环境的评估。如果认为美国的决策者、外交政策界和普通民众已经就美国的中国战略达成了共识，那是过于简单化的。共和党人和民主党人对中国挑战的性质有明显的看法分歧，在每个党派内部也有分歧。例如，在皮尤研究中心最近进行的一项民意调查中，54%的共和党人将中国视为"敌人"，而民主党人中只有20%。然而，对华政策已经成为民主党与共

---

① Cheng Li, "Avoiding Three Traps in Confronting China's Party-State." In Ryan Hass, Ryan McElveen, and Robert Williams (eds), *The Future U.S. Policy toward China: Recommendations for the Biden Administration.* (Monograph jointly published by John L. Thornton China Center and Yale Law School Paul Tsai China Center), pp. 8-14.

第一部分 结构与战略

和党之间的一个合作领域。为了弥合党派分歧，拜登政府似乎将激进的对华政策视为与共和党人寻找共同点的一种手段。①

在4月初的参议院会议上，两党提出的《2021年战略竞争法案》值得高度关注。②这项立法声称将拨款数亿美元用于"一系列旨在帮助美国在与中国的意识形态、军事、经济和技术的长期竞争中取得成功的新举措"。如果该法案获得通过，很可能会让拜登政府更加优先考虑对付一个正在全球崛起的中国。因为新疆问题、香港问题和新冠病毒蔓延对中国的指责，美国公众对中国的负面看法，这些因素进一步推动拜登团队对中国采取强硬立场。3月进行的一项盖洛普民意调查显示，将中国视为"最大敌人"的美国人的比例在过去一年翻了一番，从22%上升到45%。③

---

① Laura Silver, Kat Devlin, and Christine Huang, "Most Americans Support Tough Stance Toward China on Human Rights, Economic Issues." Pew Research Center website, March 4, 2021, https://www.pewresearch.org/global/2021/03/04/most-americans-support-tough-stance-toward-china-on-human-rights-economic-issues/.

② Strategic Competition Act of 2021, the U.S. Senate Foreign Affairs Committee, https://www.foreign.senate.gov/imo/media/doc/DAV21598%20-%20Strategic%20Competition%20Act%20of%2-02021.pdf.

③ Mohamed Younis, "New High in Perceptions of China as U.S.'s Greatest Enemy." Gallup Website, March 16, 2021, https://news.gallup.com/poll/337457/new-high-perceptions-china-greatest-enemy.aspx.

第二是对中国竞争优势的担忧。这能够帮助解释拜登依然犹豫是否与中国合作的重要原因是中国经济和技术竞争力对（美国）的巨大挑战。在过去20年里，中国人均国内生产总值已经从2001年的约1000美元增加到2020年的10000美元，预计在2035年将达到30000美元。相比之下，1979年中国刚开始改革开放时，人均国内生产总值不到300美元，是当时美国人均国内生产总值的3%左右。[1]

在中国和其他地方，据广泛报道，尽管面临新冠病毒的挑战，中国2020年的国内生产总值增长为2.3%，这比所有其他主要经济体（经历了4%的负增长或更糟）要高得多。根据一些经济学家的分析，中国国内生产总值预计将在2028年超过美国。[2] 一位美国学者最近在《华尔街日报》上写道，"在2007年，美国在全球财富500强中的公司数量是中国的六倍。到2018年，中国已经达到了近乎相等的水平。"[3]

更重要的是，美国人文与科学院2020年的一份报告

---

[1] 钟飞腾，"从中美高层战略对话看美国战略的局限性。"新京报，2021年3月24日，https://www.sohu.com/a/457142963_114988。

[2] Larry Elliott, "China to Overtake US as World's Biggest Economy by 2028, Report Predicts." *The Guardian*, December 25, 2021, https://www.theguardian.com/world/2020/dec/26/china-to-overtake-us-as-worlds-biggest-economy-by-2028-report-predicts.

[3] William A. Galston, "Stepping Up the Tech Fight Against China" *The Wall Street Journal*, March 2, 2021.

所指出的，中国最近在研发投资方面超过了美国（按购买力平价）。① 根据这份报告，美国2021财政年度的预算将把联邦对研发的支持减少79亿美元（约9%）。报告还发现，美国公司更倾向于将研发实验室转移到其他国家，包括中国。尽管美国在某些科技领域保持了其优势地位，但正如报告所强调的那样，"全球科技领导地位是以月或年来衡量的，而不是以几十年或几个世纪来衡量的"。

拜登政府希望采取能够提高美国在科技、研发和IT基础设施方面竞争力的政策。美国在这些领域中任何一个领域的优势丧失都将对国家的经济、创造就业、生活标准和国家安全"产生严重后果"。拜登总统在2021年3月份的白宫新闻发布会上说："早在60年代，我们曾经把整个国内生产总值的2%多一点投资于纯粹的研究和科学。今天，它是0.7%"。② 拜登强调，中国在基础设施方面的投资是美国的三倍。

有理由认为，在过去几十年里，中国在科技方面的进步，部分是由于中国人民的智慧和勤奋，部分是由于先进

---

① The American Academy of Arts and Sciences, *The Perils of Complacency: America at a Tipping Point in Science & Engineering*. September 2020, https://www.amacad.org/publication/perils-of-complacency.

② "Remarks by President Biden in Press Conference," The White House website, March 25, 2021, https://www.whitehouse.gov/briefing-room/speeches-remarks/2021/03/25/remarks-by-president-biden-in-press-conference/.

国家市场经济的开放和大学及研究机构的慷慨解囊。中国在知识产权、市场准入、国家赞助的经济活动等方面的行为，有利于中国的经济发展。

可以理解的是，拜登总统和他的前任一样，决心挑战（他们认定的）中国政府的不公平做法。尽管美国在创新和技术方面可能仍然处于领先地位——毕竟，世界排名前20位的研究型大学中，有15所在美国，没有一所在中国[①]——但是美国政治领导人不能自满。自第二次世界大战结束以来，美国第一次面对一个经济和技术潜力与自己相当的国家。

最后的想法

当代另一位最重要的战略思想家亨利·基辛格最近警告说，"世界上两个最大的经济体之间'无休止'的竞争有可能导致不可预见的升级和随后的冲突。"[②] 在基辛格看来，今天的中美竞争与冷战时期的美苏竞争在两个关键方面有所不同。首先，今天的美国和中国几乎同等强大，而

---

① Joseph Nye, "What Could Cause a U.S.-China War?"
② David Brennan, "Endless U.S.-China Contest Risks 'Catastrophic' Conflict, Henry Kissinger Warns" *Newsweek*, March 26, 2021, https://www.newsweek.com/endless-us-china-contest-catastrophic-conflict-henry-kissinger-1579010.

冷战时期的苏联相对比美国弱,而且没有融入全球经济。第二,鉴于除了核武器之外,还有"人工智能和未来武器",目前的局势更加危险。任何一个国家都不可能赢得一场全面战争或摧毁对方,因此,两国和国际社会需要找到一种全新的共存方式。

基辛格和布热津斯基借鉴了他们在过去大国竞争中领导美国政府决策机构的经验,为一个危险的未来发出了警告信号。正如布热津斯基当年所预见的那样,两个新的、目前正在酝酿形成的阵营,务必要有更大程度的"地缘战略技巧"。基辛格强调了人工智能可能给一个分裂的世界带来前所未有的危险。中美两国领导人应当明智地考虑大国冲突的历史和新的现实,因为沿着目前的道路走向对抗的后果不仅对两国,而且对整个世界都将是灾难性的。

第三章　从"9·11"事件到阿富汗撤军：美国安全战略调整的困境和冲击[①]

2021年夏秋之际，美国政界、学界和媒体乃至全球各地都聚焦两个有密切关联的大事件。一是"9·11"恐怖袭击20周年的历史时刻，二是拜登总统在阿富汗的撤军，也宣告了长达20年美国对阿富汗占领的结束。这也给从事国际事务的学者了解和评估这20年来美国安全战略思路的演变和新的战略设计的调整提供了重要的机会和窗口。美国对地缘政治的认识自然会对未来世界经济和安全版图的变化举足轻重。

对作为世界第二大经济体，和往往被认为在现今世界能与美国平分秋色的中国来讲，美国战略布局的重点调整当然事关重大。不难理解，中国学者对此有非常激烈和

[①] 本章大部分内容最初发表于《新京报》记者柯锐对作者的专访。"一个陷入混乱的美国，对世界很危险。'"2021年9月6日，https://m.bjnews.com.cn/detail/163091436614196.html。

富有启迪的讨论。不容置疑,美国从阿富汗的撤军显得仓促。有些中国学者认为,阿富汗是美国"民主实验"的失败,[①] 还有人说阿富汗惨败标志着"美国世纪"的终结。[②] 还有人分析美国在阿富汗的撤军反映了拜登民主党政府"内政至上",注重国内事务,甚至可以说美国外交事务中孤立主义的抬头。[③] 以上这些观点都有一定道理,这也是美国一部分人的看法。还有些持有中美零和博弈观念的中国学者认为,美国在阿富汗的惨败将给中国带来好处。[④] 但我认为这些观点都比较狭隘,有一定的误导性。

"9·11"袭击:美国人的安全感、优越感受到空前挑战

美国 20 年前出兵阿富汗的主要原因,其实与民主根本无关。当时出兵的动机主要有两个,首先是美国遭受

[①] 田飞龙,"美式民主的失败与塔利班'建国大纲'的考验。"爱思想网站,2021 年 8 月 26 日,https://m.aisixiang.com/data/128239.html。

[②] 齐倩,"拜登:美国离开阿富汗,标志着试图武力改造其他国家的时代结束。"观察者网,2021 年 9 月 1 日,https://www.guancha.cn/internation/2021_09_01_605288.shtml?s=zwyxgtjbt。

[③] 孙兴杰,"拜登的'喀布尔时刻':战略疲惫期的孤立主义。"新浪财经,2021 年 08 月 28 日,https://finance.sina.com.cn/jjxw/2021-08-28/doc-iktzscyx0815453.shtml。

[④] 张维为和李伟建,"美国在阿富汗的溃败。"观察者网,2021 年 9 月 19 日,https://www.guancha.cn/ZhangWeiWei/2021_09_19_607802.shtml。

了"9·11"袭击后的强烈反应，是为了铲除恐怖主义分子的大本营或保护所。这是最主要原因。其次，是因为阿富汗在地缘政治上的战略重要性。这是美国在亚洲扩大势力范围的必争之地。控制阿富汗这个位于西亚、南亚、中亚交汇处的战略要地，是能够帮助美国进行大国博弈的制高点。

随着美军对阿富汗占领旷日持久，尤其是后面十年，改善人权状况、保护女性权益等成了继续占领阿富汗的附加理由。其中，有的理由可能只是借口。尽管美国在对外关系中时常有理想主义者的声音，但这只是决策者中的少数。现在，阿富汗的局势剧变，美国本土安全又将面临重大挑战。

回顾过去20年，"9·11"是美国历史上重要的拐点。"9·11"成为美国人划分历史记忆的分水岭或分界线。即使美军在阿富汗惨败很重要，但还是不如"9·11"这个分界线重要。"9·11"不仅是历史记忆，同时，这一事件也带给美国乃至世界各国一连串的思维、认知、行为、规则上的巨大变化。举一个例子，"9·11"前，在美国国内坐飞机是不用看身份证的，也几乎没有安全检查，现在的年轻人根本难以想象这种情况。"9·11"后，这个情况完全改变，各种检查都出现了。而且，不少美国人开始用怀疑的眼光来看阿拉伯人和穆斯林。这种恐惧和观念上的变化是非常明显的。

美国位于北美洲。太平洋和大西洋将其与其他几大洲隔开，而邻国加拿大和墨西哥都是比较友好的，这使得美国拥有一个得天独厚的地理环境。这个地理优势带给美国人一种天然的安全感。然而，"9·11"颠覆了美国人的许多观念。"9·11"尤其是完全颠覆了战争思维模式。以往的战争，主要是发生在军人和军人，或者国家与国家之间。"9·11"改变了这个模式。1999年，两位中国退役军官出版的《超限战》，[①] 就谈到这种不对称的战争。超限战不存在战场与非战场的区别，可以是职业军人之间的对抗，也可以是民间个人或群体之间或对国家的对抗。"9·11"事件，19个阿拉伯人，用了19张商务舱机票，就给超级大国美国带来灾难性的重大伤害。这是典型的超限战。

近些年来，战争的形式又发生了新变化。机器人和无人机的广泛使用，尤其是人工智能的突飞猛进，又一次改变了战争态势。所以有人说，战争的形式，过去是人与人的战争，后来发展到人与机器的战争，现在正在走向机器与机器的战争。这种人类历史上前所未有的变化，并非只出现在科幻电影里，而是正在我们面前开始显现，这是非

[①] 乔良和王湘穗：《超限战》，解放军文艺出版社，1999。

常可怕的前景。当前，美国和其他一些国家在海外的很多战争，有相当高的比例是机器人在打。这些是对人类社会理性、智慧、伦理的根本性的挑战。

对美国的另一个重要影响是恐怖主义的标签被滥用或者被过度政治化，在这方面，西方有着明显的双重标准。哈佛学者亨廷顿在"9·11"之前的20世纪90年代提出的"文明冲突论"。虽然有很大争议，但却对美国外交产生了非常大的影响。[1] 这个理论认为，冷战后的国际冲突不是发生在国家之间，而是发生在文化之间，发生在伊斯兰文明与西方文明之间。亨廷顿还明确指出，这种文明冲突也包括以中国为代表的儒家文化对西方文明的挑战。对"文明冲突论"，我是不认同的。这一理论有意无意地将不同政治文化间可以理解的争议和可控的矛盾扩展成难以调和的、无休止的仇恨和对抗。但对一些美国人来讲，"9·11"论证了亨廷顿的预言。

西方国家，尤其是美国，如果总是秉持西方文明优越感，这些国家和其民众就很难客观看待其他文化或者文明，并在真正意义上接受并推崇多元文化，以寻求文化间的对话和交流，促进人类社会的共同进步。

---

[1] Samuel Huntington, "The Clash of Civilizations." *Foreign Affairs*, Summer 1993.

同时，美国的人口结构正在发生巨大变化。目前，美国的18岁以上人群，白人已经占不到一半。作为一个多民族的国家，现在美国已经没有一个种族占绝大多数。美国的"白人至上"主义，会对其国内人口结构变化产生恐惧。这也可以说是"文明冲突论"的内化。

近20年来，"9·11"等前所未有的重大事件接连发生，包括近两年的新冠疫情和气候变化等灾难，都使美国人得天独厚的地理环境优越感和安全感逐渐消失。这种心理上的伤害是极大的。

"9·11"与此后历届总统的安全战略调整

"9·11"也促使美国创建了一些全新的政府机构，如国家安全部和国家反恐中心。随后两个战争——阿富汗战争和伊拉克战争——都跟"9·11"直接有关。当然，更重要的变化是美国地缘政治和全球战略的重大调整。小布什刚当总统时，美国的主要对手，第一个是伊拉克，第二个是俄罗斯，第三个是中国。"9·11"事件彻底改变了小布什总统的战略思维和布局。美国当时的当务之急变成了对付恐怖主义组织。

2001年后的十余年中，反恐成为美国安全战略的重中之重。中国因此赢得了近20年的快速发展机会，中国的建设有了良好的外部环境。一些具体数字可以说明这一巨大变化。2001年，中国GDP全球排名第六，位列美国、日本、德国、英国和法国之后，当时中国的经济总量只是美国的12%。今天，中国GDP是世界第二，中国的经济总量已经达到了美国的71%（有的研究报告认为是75%）。中国GDP预计将在几年而不是几十年后超过美国，这是一个非常重大的经济实力转移。世界经济版图在迅速发生变化，其中，中国的日渐强大是一个重要内容。但如果没有和平的环境，就没有这一切。所以，这段历史告诉人们，和平对世界各国该是多么珍贵。

美国发动的阿富汗反恐战争，面临一个"越反越恐的怪圈"。[①]阿富汗境内恐怖组织数量从20年前的个位数增加到战后的20多个。当然，对美国而言，阿富汗战争在过去的20年中也取得了一定的成效。最主要的是这20年中美国本土几乎没有再遭到外来恐怖分子的袭击。特朗普总统执政期间，白宫提出了要从阿富汗撤军。2018年前后，美国战略部门再一次改变了地缘政治和全局战略框架，也就是不再将恐怖主义组织和所谓的"流氓国家"当作国家安全或者外交的重点打击对象，而是把与地域政治大国像

---

① 向洋，"拜登的讲话'图穷匕见。'"《参考消息》，2021年8月31日。

中国、俄罗斯的竞争又放到了第一位。

拜登的阿富汗撤军可以说是延续特朗普时期开始的战略重心转移的重要部分。当然这里也有美国国内政治、经济、社会因素，包括"内政至上"的考虑。但是，拜登和他的团队在具体操作上，一直是南辕北辙。在国际事务当中，尽管他们确实改变了特朗普的"美国优先"和单边主义，加强和同盟国的关系。但与此同时，拜登在外交上不是在缓和对抗和冲突，而是四面树敌——"当今世界存在着一个咄咄逼人的中国，一个有仇必报的俄罗斯，一个一心求核的朝鲜，一个满怀敌意的伊朗和一个正在土崩瓦解的阿富汗。"正像美国著名国际问题专家奥汉龙（Michael O'Hanlon）所说的："美国不应该试图用美国的安全毯覆盖整个地球，对于俄罗斯或中国附近的地区尤其如此。"[①]

拜登总统没有把更多的资源和重心真正用在国内，在国际事务中可谓败笔累累，朝核、伊核、阿富汗撤军、缅甸政局剧变、对俄关系、边境难民等问题重重。尤其是与中国的关系，不仅没有好转，而是继续恶化。美国在阿富汗撤军以后，阿富汗的问题远远没有完结。国际社会和各个大国都有合作的需要。

---

① Michael O'Hanlon, "A Grand Strategy of Resolute Restraint" May 24, 2021, https://www.brookings.edu/blog/order-from-chaos/2021/05/24/a-grand-strategy-of-resolute-restraint/.

不管是特朗普的共和党政府，还是拜登的民主党政府，如果把中国认定为敌人，实际上是再一次出错，又一次找错敌人。其实，美国的敌人不应该是中国，而是人类共同的敌人，比如新冠病毒、气候变化的挑战、核扩散的威胁，以及海内外的恐怖主义分子。但是很遗憾的是，目前这种声音，包括我的观点，在美国并不占上风。在美国，对中国的恐惧和妖魔化仍然有增无减。

我也注意到，中国国内许多人认为，拜登政府撤军阿富汗是由于准备将美国的注意力集中于太平洋西岸，顺便腾出手来应对中国。这个说法有一定的道理。当然，口头说的并不一定是真正做的，不说的也许正在做的。美国一些高级官员甚至总统讲的并非一定是深思熟虑的战略或政策，有的言论往往是出于国内政治的需要或借口。所以人们对这个问题最好不要轻易下结论。美国对华政策中的一个重大挑战是意愿和能力的矛盾。

这里也引出了美国学者和媒体评论员这几年经常讨论的一个问题：特朗普政府或是拜登政府的对华政策，是否基于一个大战略之上。当然这也是中国学者相当关注、也有不同观点的一个重要议题。[1] 著名中国问题专家方艾文

---

[1] 吴轶楠，"'只有情绪，没有战略'？苏晓晖：五个关键词解读美国对华政策。"新华网，2022年1月8日，http://intl.ce.cn/qqss/202201/08/t20220108_37238778.shtml。

第一部分 结构与战略

（Evan Feigenbaum）认为，近些年的一些对华措施与其说是出于全面的"战略"，还不如说是源于片面的"情绪。"[①]

可以理解，在国内和国际局势错综复杂、瞬息万变的背景下制定对华大战略是有难度的。副总统候选人辩论中虽然设置了和中国相关的议题，但最终两位副总统候选人却没有正面回答那个关于中国是美国的竞争者、战略对手、还是敌人的问题，而是回避了。这一方面体现了中国问题存在复杂性，另一方面也因为候选人无法确定美国大多数选民对这个问题的态度和倾向。

也许对华盛顿更为重要的问题是：什么是好的战略？什么是现实的战略选择？我认为一个好的大战略必须具备以下基本要素：1）准确了解你的竞争对手——既不会因夸大挑战或威胁而落入耸人听闻的陷阱，也不会因低估竞争对手的优势而自满；2）明确你的目标——以及实现这些目标的可行性方式和方法；3）形成国内共识和建立国际联盟——通过共同行动而不是单独行动；4）对"全面胜利"持怀疑态度，在利益重叠时与竞争对手合作，但必须始终保持外交机制开放以避免毁灭性局面。

也就是说，对于一个真正的战略家而言，其战略有轻重

[①] Evan A. Feigenbaum, "Meeting the Challenge in Asia." *The National Interest,* December 22, 2020, https://nationalinterest.org/feature/meeting-challenge-asia-174917.

缓急。同时，要有一个远景目标，并且有能力、有方法、有资源实现这个目标。另外，还要考虑行为可能产生的不良后果，要避免擦枪走火变成全面的、多方位的战争。人们可以用这些基本要素来判断特朗普总统和拜登总统有无对华的大战略。我认为华盛顿目前没有长期的战略考量，这也是美国智库中不少学者之所以说美国对中国没有战略只有情绪的原因。

中美关系恶化的结构性原因

从特朗普到拜登，美国的对华政策并没有太大的变化；美国许多人指责中国过去十年变得更加强势，认为这是美中关系恶化的原因，但实际上美国早在十多年前，在奥巴马执政时期就已经开始"转向亚洲的战略"（pivot to Asia policy）。这一战略被许多人解释为美国要寻求遏制中国。这些都说明尽管领导人个人在两国关系中发挥重要作用，但美中关系恶化主要是结构性问题所致。两国决策者都意识到美中关系若要实现可持续缓和，面临重重困难和挑战。

结构性矛盾制约双边关系缓和主要有两个方面。第一方面是中国国力上升后与美国维护霸权体系产生冲突，因为原本美中在国际体系权力结构中位置截然不同,但随着中国经济实力和国际影响力不断增强,两国间结构性矛盾在激化。这是守成大国与崛起大国之间的矛盾。是中美两个国家在国际政治、经济、安全版图上地位的变化所产生的巨大影响,也就是中国人经常讲的"老大、老二"。美国认为自己的领先地位、领导地位受到了挑战。尽管实际情况也许并不是如此,但从美国人的角度看,中国在经济、科技、军事上(甚至有人认为政治上也如此)都对美国的全球领导地位构成了巨大的挑战。当年的苏联并没有实现经济一体化,科技上也无法超越美国。

当然,美国霸权的衰落或美国政治精英的"霸权焦虑"并非是因为受到了其他国家尤其是崛起大国中国的挑战,而是因为美国自身的社会分化、利益固化、政治极化、观念僵化等原因。[1]正像纽约时报专栏作家尼古拉斯·克里斯托夫所说:"对美国未来的最大威胁与其说是崛起的中国或无赖的俄罗斯,不如说是我们在国内表现不佳。"[2]另外也有不少世界各地的学者认为,美国方面夸大了中美两国的竞争,或者说扭曲了中国经济和科技发展的

---

[1] Stephen M. Walt, *The Hell of Good Intentions: America's Foreign Policy Elite and the Decline of U.S. Primacy*. (New York: Farrar, Straus and Giroux, 2018)。

[2] 尼古拉斯·克里斯托夫,"美国最大的威胁是美国本身。"《纽约时报》中文版,2021年6月23日。

最终意图。

全球地缘政治中,美中之间断层线正在形成,科学技术成为竞争最核心领域。美国近年来发现中国科技发展进步突飞猛进,例如5G、人工智能、算法、航天,还有热炒的超音速导弹,所以不难理解许多美国人为何如此不安。这其中虽然有些夸大,但可以说这是二战后美国第一次面对一个技术潜力、综合国力和经济全球化能力与自己旗鼓相当的国家。冷战时苏联对美国的挑战主要在军事和航天领域,如上世纪50年代苏联首次发射人造卫星史普尼克。而中国的实力要比冷战时的苏联大得多,而且中国的发展是多方面的。

中美双方对华为在中美的科技领域竞争所产生的困境和矛盾都有广泛的报道,但两国报道大都从己方观点入手,很少看对方想法。这不是说美国打压华为是对的,而是要了解打压原因和思路以及美国人的危机感和恐惧感。根据中国官方数据,2020年11月,中国在建5G基站已达到70万个,[①]占全球比重为70%,按照计划今年要再兴建60万个,中国在5G进展迅猛让美国感到必须压制华为,因为这影响深远,所以才被解读为对其国家安全构成

[①] "工信部:我国已建成5G基站近70万个,终端连接数超1.8亿。"新华社网,2020年11月13日,http://www.gov.cn/xinwen/2020-11/13/content_5561148.htm。

威胁。另外，美国制造的芯片全球份额在1990年占37%，目前只占12%，这就是美国为什么要重建供应链和产业链联盟，因为这是中国的短板。

美国商务部长雷蒙多近日呼吁盟国限制对中国出口敏感技术，就是要遏制中国发展速度，美国担忧其虽然现在还有一些领先优势，再过很多年也许会被中国超越。2022年3月，美国参议院通过了《2022年美国竞争法案》，将斥资520亿美元对半导体产业进行补贴，同时投资450亿美元强化高科技产品供应链。

美方决策者认为中国带来的挑战高于当年的苏联和现在的俄罗斯。在这种情况下，美国对以华为为代表的中国科技企业的打压不会结束，因为中美竞争核心是科技，当下科技竞争前沿是5G和芯片，两国将在产业、研发、市场和人才领域进行竞争。中美专家普遍认为两国在5G领域不是竞争谁建设得更好，而是要有两个不同的通讯方案，两个不同频段选择，5G网络最终归属权是毫米波还是厘米波，这将决定中美谁是未来一二十年通信领域领导者。在这样的背景下，中美双方的不信任和恐惧都在增长，双方也往往会夸大对方的实力。同时，把对方一些防守措施当作是进攻性威胁，也进一步加剧了双方的猜疑、忧虑和指责。

结构性矛盾的另一方面体现在两国政治制度和经济模式不同乃至对立。在过去几十年里,中美留学生交流和中美经济领域中合作的规模在历史上前所未有,就是在两国政治制度、意识形态和经济模式不同的情况下发生的。中国改革开放以来,两国经济模式中也出现一些相似或相吻合之处,如中国的市场化建设和美国现在的军工企业。何况中国建设自己的现代化模式,提出道路自信,不是针对美国,中国也从来没有想过要改变美国的政治制度或要求他国采用中国的制度模式。新加坡前驻联合国大使马凯硕(Kishore Mahbubani)最近讲到了他对美国文化和中国文化不同的一个观察:美国人相信任何人都可以成为美国人,但中国人不相信任何人都可以成为中国人。[1] 这也就是中国著名学者葛剑雄所说的,中国文化历来的特点是重视开放而不是热衷于传播。[2]

问题在于,如果美国政治、社会、经济和国家安全蒸蒸日上,就不会那么在乎中国的不同模式,但过去几年,西方社会特别是美国发生多层次危机,新冠疫情应对不

---

[1] Kishore Mahbubani, "Can America Lose to China?" *The National Interest*, July 1, 2021, https://nationalinterest.org/feature/can-america-lose-china-189020.
[2] 葛剑雄,"文化的进步才是走向世界的第一步。"搜狐网,2021年4月13日,https://www.sohu.com/a/460507114_488387。

力、种族矛盾激化、贫富差距加大、特朗普现象和极端民粹主义抬头,美国社会中日益撕裂的文化战……这些自身危机加剧美国民众对中国政治经济制度不同所带来的恐惧感和反感,也就是中国所说的美国自信心处于很大的危机状态。再加上两国学界和媒体过分强调中西方意识形态对立冲突,美中政治制度和经济模式抗衡在未来几年不会缓和。

结构性矛盾是长期的,战略竞争也不会停止。美国国内大选和中期选举中两党在中国议题上"比强硬",以及选举结果对美国政治走向的影响,都放大了美国人因中美政治经济模式不同而产生的所谓受威胁感。美国著名智库兰德公司 2021 年接连发表了三个研究报告,其主要结论是:基于美国的利益,与中国极限竞争有风险,但不这样竞争的风险则更大。尽管中国领导人多次表示,中国无意挑战美国,但在这种矛盾中,守成的一方往往更加敏感,不论另一方如何辩白,都会觉得自己确实受到了冲击和威胁。而中国在台湾、香港、新疆、西藏等问题上的立场不会改变,中国扩展其在周边国家和各地区的利益和影响力的趋势也不会改变,所以美中对彼此强硬外交政策在未来相当一段时间不会有根本性变化。

但这并不意味着修昔底德陷阱这类宿命论或注定论的观点是对的。21 世纪的国际体系与千年前的欧洲有本质上的区别。经济全球化、核武器、人工智能和科技革命使世界发生了革命性的变化。过度的强调崛起大国和守成大国的冲突来看待当下的国际关系，未免简单化了。

目前的中美关系也不是一个垂直的坠落，而是一个螺旋式的负面下滑。因为对任何一方而言垂直坠落都将带来巨大冲击，甚至会有战争的可能性，这是谁都不愿意看到的。因而，在往下走的过程中双方始终会有些调整、会有反弹，也会有积极的因素出现。事实上，无论是两国的元首，两国的利益集团，两国的有识之士，还是两国的民众，都应该阻止极端情况的发生。我们不应该以 19 世纪的心态看待当今世界，也不应该用 20 世纪的方法应对时代新挑战，而应该从地缘政治博弈的旧思维中走出来。

"东升西降"和"美国世纪"的终结

其实人们并非由于拜登的阿富汗惨败撤军才提出"美国世纪"的终结。2008 年金融危机爆发以及近年来美国国内政治的诸多乱象和危机，包括西方发达国家对新冠疫情的失控蔓延、经济的不景气和社会矛盾的加剧等，使更多的人认同"美国世纪"的终结或"美国衰落论"以及最近人们常说的"东升西降。"

美国衰落和"东升西降"的说法并非空穴来风。从经济上来讲，与1960年相比，美国现在的全球经济份额下降了近50%。在过去50年来，亚洲国家在全球经济比重上升，西方国家包括美国和西欧比重下降。举个例子，1970年，北美和西欧占世界经济的比重分别为37%和26%，东亚和南亚的比重占14%和7%；但过了近50年，2018年，北美和西欧的比重分别下降为19%和15%，而东亚和南亚分别上升为23%和16%。[①] 根据我的同事，也是布鲁金斯学会经济学家的预测，到2030年，全球排名前5的中产市场当中，有4个将在亚洲，也就是中国、印度、印度尼西亚和日本。[②] 中国的快速发展是亚洲崛起当中的一个标杆性事件。

但同时，中国各界和民间在观察分析美国时，也不应妖魔化美国。正如中国历届领导人都讲过的：美国是一个伟大的国家，美国人民是伟大的人民。当前，美国的问题是国内环境和政治生态发生了变化，在国际事务中的地位

[①] Jutta Bolt and Jan Luiten van Zanden, "Maddison Style Estimates of the Evolution of the World Economy. A New 2020 Update". https://www.rug.nl/ggdc/historicaldevelopment/maddison/releases/maddison-project-database-2020.

[②] Homi Kharas and Geoffrey Gertz, "The New Global Middle Class: A Crossover from West to East," in Cheng Li, ed., *China's Emerging Middle Class: Beyond Economic Transformation* (Washington DC.: Brookings Institution Press, 2010), pp. 32–51.

也发生了变化，导致出现了很多观点和行为上的巨大变化。

再说，一个国家的衰落或崛起，从来都不是直线性的。比如，英国是个老牌帝国，在所谓"美国世纪"之前，有一个所谓"英国世纪"。英国后来虽然衰落了，但到现在为止，英国仍然是一个举足轻重的世界强国。一个国家战略或政策的正确与错误，一个国内外偶然事件的发生，都可能会改变历史的进程。

美国现在无论是在经济、金融、军事，还是科技领域，仍然占据世界首位，在教育和文化领域也实力雄厚。所以人们必须在大框架或者大前提下，来分析或评估"美国世纪"的终结与否。同时，也要看到，衰落和崛起是一个相对动态的概念。

美国从阿富汗的仓促撤军和外交败笔对中国并非好事

20年的阿富汗战争以失败告终，尤其是拜登政府仓促、不负责任的撤军，对美国而言，这是在军事、战略、外交、政治、道义和心理上的重创。这也是今天许多美国人的共同看法。尽管从阿富汗撤军，对美国本身而言也许是明智的，但不管从美国本身角度讲，还是从其他国家观察的视角来讲，近一个月在阿富汗发生的灾难，会加深美国社会对自身国力的焦虑感、失落感和危机感。

这可能导致两个连锁反应。一是这种心态可能会导致拜登政府在外交事务中错上加错。实际上，拜登这次处理阿富汗问题就是一错再错。二是会导致反对势力，尤其是共和党的右翼好战势力，推动鹰派外交政策。有很大概率美国的鹰派政客会加速崛起。此外，鹰派政客的持续抬头，也会抛弃过去一些年来尤其是前总统特朗普信奉的美国优先、内政至上的观念。实际上，拜登政府撤军，也反映了一种外交服务内政的心态。

美国大选之年，历来是动荡之年。但2020年的竞争格外激烈。记得2001年"9·11"发生的时候，我在华盛顿。9月12日，我在电视里看到美国的共和党和民主党两党站在国会山前宣誓：保卫美国，团结一致反击恐怖分子。"9·11"十周年的时候，也是两党站到一起。而今年呢，我们看到，特朗普在2月份发表国情咨文，先是拒绝与佩洛西握手，更有戏剧性的是，佩洛西当着镜头撕掉了特朗普的演讲稿。可以说，两党"恶斗"已经到了前所未有的地步，是不可能缓和的。

特朗普败给了拜登，但"特朗普主义"还在，甚至特朗普也有可能卷土重来。在共和党高层，那些批评特朗普的人已经被边缘化了。这也反映了美国政治的撕裂，矛盾的激化。这些将会在很大程度上影响美国一年后的中期选举和2024年的大选，同时也会影响美国的外交政策。阿富汗撤军对美国政坛和民众心理的冲击，再加上国内政治恶斗的驱动，可能意味着在海外有更多的冲突和新的战争。从经济的角度来讲，经过过去三四十年高度发展的经济全球化和科技革命的突飞猛进，各国经济活动早已密切关联，产业链、供应链、价值链高度地相互依存。美国的经济和金融危机一定会殃及世界各地。现在就处在这样一个非常危险的境地。

前面提到的中美关系中的结构性矛盾解释了拜登政府选择用竞争这一概念主导中美关系，尽管中方在不同场合多次明确反对以"竞争"来定义中美关系。若以竞争主导，两国关系将难免滑向冷战对抗，因为竞争与对抗的界限很难区分，特别是要求其他国家选边站队。

美国陷入困境和内乱，对美国的不利自然远远大于对中国可能的不利。但是，美国实力、影响力和心理上受到了重大打击后，会导致鹰派势力的上升并使决策者在外交事务当中表现得更为激进、强硬，急于得分求成，甚至铤而走险。因此，一个内部撕裂、自信受到挫伤的，而又急于走出困境的超级大国，对于世界包括中国都会带来巨大的冲击和新的挑战。这是"9·11"恐怖袭击20年后世界巨变中的一个新局面，也是一个值得政界、学界和民间深思的复杂议题。

第四章　螺旋式下坠的台海局势　●
第五章　佩洛西台湾行：挑起史上第一次人工智能战争？　●

第二部分

⋘ 焦点与漩涡

第四章　螺旋式下坠的台海局势[①]

台湾问题在过去 70 多年当中始终是中美关系最敏感的问题。对中国领导人来讲，这一直是中国领土国家主权、领土完整和民族情绪的一个核心问题。近年来，尤其是从蔡英文民进党执政以来，中国大陆、台湾地区和美国无论是各自还是相互关系都发生了很重要的变化。

从中国大陆而言，虽然改革开放四十年都在发展，但最近十年表现特别明显，国力越来越强大。这体现在很多方面。包括中国在全球的经济地位，国内政治和社会的相对稳定。西方曾经预判的中国混乱局面并没有发生。现在西方对中国忌讳的并不是中国的不稳定，而更多的是中国在军事和其他领域的越来越强大。

[①] 本章大部分内容最初发表于"德国之声"对作者的专访。"美中关系'处于螺旋式下坠的危险局面。'" 2021 年 11 月 13 日，https://www.dw.com/zh/专访美中关系处于螺旋式下坠的危险局面/a-59809065。

中国的科技赶超也非常明显,尤其是在最近的几年当中。2014 年拜登担任副总统时在美国一个军事院校演讲。他问军校学生:你们听到过中国的创新吗?下面的军校学生都说没有。① 这就是前几年的事情。当然拜登总统现在不会再这样说了。而更多的是讲中国科技领域的发展"咄咄逼人",科研经费的比重超出美国。拜登尤其强调美国 20 世纪 60 年代的研发预算占美国 GDP 的 2%,2021 年只占 0.7%。② 而同期 2021 年中国的研发支出占中国 GDP 的 2.44%。比前一年增长了 14.6%。③

还有中国的对外文化影响力,当然从总体来讲中国软实力还是不如西方,但是相对而言它的影响力在上升。这也就是为什么西方一些学者用了一个新的词汇叫"锐实力"(Sharp Power)来解读中国文化在海外影响的迅速增长或

---

① 杜建国,"'中国没有创新能力'何以成为世界公论。"观察者网,2014 年 6 月 8 日,https://www.guancha.cn/DuJianGuo/2014_06_08_235407.shtml. "Biden: Name me one innovative product from China." *Chicago Sun Times*, May 28, 2014, https://chicago.suntimes.com/politics/2014/5/28/18626398/biden-name-me-one-innovative-product-from-china。

② Brandi Vincent, "Biden Commits to Investing 'Closer to 2%' of GDP in Science Research." Nextgov Website, March 25, 2021, https://www.nextgov.com/cxo-briefing/2021/03/biden-commits-investing-closer-2-gdp-science-research/172933/.

③ "China's R&D spending intensity builds up in 2021: statistics." Xinhua Newnet, September 1, 2022, https://english.news.cn/20220901/23f4faf049044f88ae1e25dff4332e50/c.html.

政治宣传的扩展等等。[①]

但是作为世界第二经济体，同时也是正在崛起的一个新兴超级大国，很多中国人认为是受到世界第一超级大国美国遏制打压。近年来美国议员频繁台湾行只是矛盾加剧的一个方面，实际上有一个很长的清单，是美国触犯了中国在台湾问题上的原则。比如，拜登总统就职典礼邀请萧美琴参加，这是1979年中美建交以来前所未有的。所以对中国政府来讲，这首先就是拜登上台后的一个不祥之兆。包括拟议中的改变台湾在美国的机构名称，从台北改成台湾。同时有些官员，大多数是国会议员但是也包括行政部门官员，在讨论台湾参加国际组织甚至联合国。包括高层行政官员的访问，尤其是前段时间美国驻帕劳大使加入帕劳总统台湾行。然后蔡英文在最近又讲到了美国在台湾驻军，尽管人数很少，尽管大家之前也许也知道。但在中国，民族情绪就急剧地上升，认为这是一个很大的变化。

然后我们知道还有就是美英澳三国的核潜艇合作，美

[①] Joseph S. Nye Jr., "How Sharp Power Threatens Soft Power: The Right and Wrong Ways to Respond to Authoritarian Influence." *Foreign Affairs*, January 24, 2018, https://www.foreignaffairs.com/articles/china/2018-01-24/how-sharp-power-threatens-soft-power?gclid=Cj0KCQiAzeSdBhC4ARIsACj36uEKJZmJidHl9vlWVG1qfacdpV7OnEJStOidXWYHtoClG3ItikaUe6UaAllFEALw_wcB.

日印澳四国军事合作，和美英加澳新"五眼情报共享联盟"。从中国的角度来讲都是针对中国的，在一定程度上讲这也并不能说是没有道理，尤其是在台海两岸关系紧张的时候。所有这一切，中方都认为是美国在挑衅，而且不断碰触北京的红线。

美国近些年的变化更是出乎意料，比如说特朗普现象，2020年美国大选所反映出的势不两立的两党政治。以前大选并不是这样，以往总统选举只不过是两种政策的选择。但是2020年的选举成了国内撕裂的、极化的党派政治。这是美国政治中罕见的一个阶段。再加上种族矛盾的激化、价值和文化观念的冲突、新冠病毒的肆虐、贫富差距的扩大和中产阶级的萎缩，这些都是很严重的问题。还有1月6日国会山民主政治的宪政危机，外交方面的喀布尔沦陷，这一连串的问题不仅加深了美国社会对自身国力的焦虑感、失落感和危机感，也加剧了对政治制度不同的中国崛起的恐惧和敌视。这是从美国因素来讲。所以我的观点是，这是一个螺旋式互相强化的不安、恐惧、抵制、强硬和对抗的危险局面，我们正处在这样一个危险局面。

台海局势紧张，那么中美之间在台湾爆发直接军事冲突的可能性究竟有多大？我认为我们是要避免两个极端的看法：一个认为战争发生可能性非常大，或者危言耸听地认为战争就在眼前。无论是美国还是中国大陆以及台湾地区都有很多人在说怎么打法等等,我觉得这是不靠谱的。但是另外一个极端我们也要避免,就是认为中美两国绝对不会冒险开战。我最近两年对台海军事冲突的评估一直是5%到10%的可能性,这已经是很大了。企业界和民众也许还不需要过于紧张,但对于决策者和我们国际关系学者来说,应该找到一些机制来避免军事冲突的发生。

我的观察是中美两国领导人,台湾方面也都是不想打仗。因为用基辛格博士等一些有识之士的话来说,这场战争是没有赢家的。这会是一个完全崭新的战争。在人工智能的时代,战争升级将会很快。因而战争会怎么演变,如何升级,谁都不知道。那些人谈论的台海战争怎么打法,多数是无稽之谈。这种战争不会有赢家,而是相互摧毁性的,这是非常可怕的局面。这也解释了为什么在2020年总统选举前后,美国参谋长联席主席就跟中国的总参谋长有过很多通话,目的是想避免可能的错误信息和错误判断。对于如何打,如何收场,实际上谁都不知道。中国军事实力迅速增长,尤其是最近有报道称中国研发超音速导弹,这让美国防御系统的优势受到极大挑战。

但中美双方从战争的角度来讲都有强项也都有弱点,中国四十多年来一直没有经历一个大的战争,而美国始终在打仗。但同时中国在台湾海峡有地理上的优势。而且中国内部在这个问题上可能有更多的一致，至少在目前来讲，对于介入台海战争，美国国内会出现很多分歧，但谁都不知道一旦战争爆发美国民众将会怎么看。我觉得这些都是我们所不知道的，极端过度的评论和注定论的说法都是缺乏根据和不负责任的。

　　基于刚才所讲的一切，我不认为美中两国会轻易为台湾问题而开战。但是我最担心的就是擦枪走火。也许一次擦枪走火，两国领导人还可以通过联系或直接打电话来避免不可收场的冲突升级和全面战争。但是，如果一连串的擦枪走火，民族主义情绪失控，那就非常危险了。

　　现在大家都是依据自己的感觉来看问题，很容易陷入"零和思维"。尽管一方未必真想置对方于死地，但在对方看来，另一方就是想打压我，甚至想置我于危难。这就是我们现在经历的困境。在此驱动下，双方表现出"行动与反行动"的负面螺旋，两国民众之间的相互观感也就越来越差。白宫的"联盟驱动"的地缘政治和"价值观外交"和国会的"战略竞争法"令两国加速滑向"结盟冷战"。在应对来自中国挑战的过程中，如果加强同盟关系变成要大家站队，最后变成类似冷战时期的两个阵营，哪怕未必完全是有意的，哪怕最终不一定做得到，这种趋势令人担忧。

俄乌冲突发生后,美国和西方的许多人经常把俄乌冲突与可能的台海军事冲突相提并论。而实际上,中国与俄罗斯在许多方面是极其不同的。中国是崛起国家,受益于冷战后时代;俄罗斯是衰落国家,被冷战后时代所削弱。即便中俄建立战略伙伴关系,中国也不愿付出失去欧盟的代价。2022年以来欧盟是中国最大或第二大贸易伙伴。中国不愿回到冷战时期的集团政治,但中国没有谴责俄罗斯,因为中国领导人认为北约东扩是根源。而更重要的是中国人知道,如果俄罗斯被北约和美国击溃,下一个就轮到中国,因为华盛顿已经明说,美国最大的两个竞争对手就是俄罗斯和中国。

这里尤其值得关注的是当美国参众两院提出法案,试图武装台湾,在印太战略中发挥"以台耗中"效应,就像在俄乌冲突中"以乌耗俄"一样,台湾民众对"台湾乌克兰化"感到忧心忡忡。两岸关系陷入兵凶战危的险境也许会带来台湾学者所说的岛内新一波对"两岸和平协议"的呼唤。[1]

中国曾经表明,签署"和平协议"的前提是必须在坚

---

[1] 柳金财,"要避战就应该签署和平协议。"观察杂志,2023年1月6日。

持"九二共识"和反对"台独"的基础之上。[①] 对于美国，如果美国和其北约盟国在台湾问题上逼得太紧，中国就将与俄罗斯加强合作。而到目前为止，不销售武器给俄罗斯、敦促其停止核威胁，并回归谈判桌，仍是符合中国利益的。这种互相强化的恐惧和敌视是当前危局所在。也是中美关系长期的焦点和目前负面漩涡的中心。

---

① 张亚中呼吁两岸签"和平协议"！大陆早已表态。腾讯网，2022年6月18日。https://new.qq.com/rain/a/20220618A05B1W00。

第五章　佩洛西台湾行：挑起史上第一次人工智能战争？①

过去几年来，中美关系领域的知名外交官和学者一直担心，由于中美双边关系急剧恶化，东亚近半个世纪没有发生大规模战争的局面有可能终结。② 在美国众议院议长佩洛西2023年8月台北行后，这种担忧达到了前所未有的高度。

中国方面异常强烈的反应——包括向台湾附近的空域、海域发射导弹，派出军舰和战机——发出明确的信息，即中国领导层做了使用武力的准备。在中国看来，华盛顿对台独事实上的支持挑战了中国"至关重要的核心利益"（在

---

① 本章见作者的英文文章"Pelosi's Visit to Taiwan: Provoking the First AI War in History？"（"佩洛西台湾行：挑起史上第一次人工智能战争？"），发表于《中美聚焦》（*China-U.S. Focus*），2022年8月26日。http://cn.chinausfocus.com/foreign-policy/20220826/42675.html#eng。

② Jeffrey Bader, "Changing China Policy: Are We in Search of Enemies?" John L. Thornton China Center, Strategy Paper 1 (June 2015). Brookings Institution, Washington DC. https://www.brookings.edu/wp-content/uploads/2016/06/Changing-China-policy-Are-we-in-search-of-enemies.pdf.

中国人眼中台湾只是一个"暂时失去控制的省份")。① 中国人民解放军的军事演习已经明显越过所谓的"海峡中线"。此外，解放军还向台湾周围的七个海域发射导弹，甚至包括台岛面向太平洋一侧的海域，这是美国海军舰船经常航行的区域。一些专家认为，解放军的举动已经类似于一场封锁演习。②

佩洛西不是第一个、也不会是最后一个去台湾的美国重要领导人。显然，华盛顿对台湾的军事支持变得愈发明确了。美国国会正在审议的跨党派《2022年台湾政策法案》提出，③ 美国应将台湾界定为像日本、韩国和澳大利亚那样的"非北约重要盟友"。北京认为，美国的这一政策是对"一个中国政策"的正式背弃。在中国领导层看来，该法案如果获得通过，中国将别无选择，只能被迫用武力来解决台湾问题。

值得注意的是，中国大陆、台湾，和美国的分析人士现在思考更多的不是战争是否会发生，而是三方不可避免

---

① 王毅，"台海稳定的定海神针就是一个中国原则。"中华人民共和国外交部网站，2022年7月11日，https://www.mfa.gov.cn/web/wjbz_673089/bzzj/2022/2022n07y/202207/t20220711_10718601.shtml。

② 余东晖，"专访赵全胜：中美就佩洛西台湾行博弈的启示。"《中美印象》，2022年08月11日，http://cn3.uscnpm.org/model_item.html?action=view&table=article&id=28087。

③ "Taiwan Policy Act 2022," https://www.foreign.senate.gov/imo/media/doc/SBS%20Taiwan%20Policy%20Act%20FINAL%20(1).pdf.

地卷入战争将在何时发生。[①] 许多分析人士还在估计战争会怎样进行。但令人惊讶的是，除了亨利·基辛格博士[②]和其他几个人，很少有人强调这一事实：台海战争将是一场两个人工智能大国之间的战争。可以说，人工智能在战争中被广泛应用将是不可避免的，而这一方面有可能使一场有限的常规战争或代理人战争迅速升级为高科技战争，另一方面有可能放大各自对对方的误判和信息错误。任何认真研究战争的人都应该对这场将是有史以来第一次发生的人工智能战争保持警觉，并寻找一切手段，来阻止这场无胜家的灾难性战争。

美国战略思想家的严肃警告

对于这一世界最重要双边关系出现危险的螺旋式下

[①] Ryan Hass, "An American Perspective on the Role of Taiwan in US-China relations." Brookings Website, July 2022, https://www.brookings.edu/research/an-american-perspective-on-the-role-of-taiwan-in-us-china-relations/.

[②] Rob Crilly, "Henry Kissinger Warns That Gulf of Ignorance Between China and U.S. Over A.I. Technology Risks Confusion, Escalation and Confrontation Like the Build Up to World War One." *Daily Mail*, November 5, 2021, https://www.dailymail.co.uk/news/article-10168759/Henry-Kissinger-warns-race-trigger-confrontation-China-U-S.html. Alex Stephenson and Ryan Fedasiuk, "How AI Would — and Wouldn't— Factor Into a U.S.-Chinese War." War on the Rock, May 2, 2022, https://warontherocks.com/2022/05/how-ai-would-and-wouldnt-factor-into-a-u-s-chinese-war/.

滑，中国和美国都负有一定责任。美国几位最杰出的战略思想家、学者和记者都态度明确地批评佩洛西对台湾的挑衅性访问，更是批评了拜登总统对于阻止中美关系持续恶性循环的无能。令人吃惊的是，亨利·基辛格[1]、格雷厄姆·艾利森[2]和托马斯·弗里德曼[3]都警告说，华盛顿可能会陷入这样一种局面：美国在乌克兰问题上与拥有核武器的俄罗斯发生军事冲突，在台湾问题上与拥有核武器的中国发生军事冲突，两者同时进行。用基辛格博士的话说，中美之间在台海日益加深的敌意有可能导致一场"堪比第一次世界大战"的全球性灾难。[4]

两个超级大国之间的一场大战极可能带来巨大伤亡。事实上，美国二战后至 70 年代中期在东亚参与的三次战争，曾让 25 万美国人丧生。[5] 而东亚国家的死亡人数还要

---

[1] "基辛格警告！美国制造问题 与中俄处于战争的边缘。"看看新闻，2022 年 8 月 14 日，https://www.163.com/dy/article/HEOURFQH0514EGPO.html。

[2] Graham Allison, "Taiwan, Thucydides, and U.S.-China War". *The National Interest*, August 5, 2022, https://nationalinterest.org/feature/taiwan-thucydides-and-us-china-war-204060.

[3] Thomas Friedman, "Why Pelosi's Visit to Taiwan Is Utterly Reckless," The New York Times, August 1, 2022, https://www.nytimes.com/2022/08/01/opinion/nancy-pelosi-taiwan-china.html.

[4] Courtney McBride, "Kissinger Warns Biden Against Endless Confrontation with China." Bloomberg, July 19, 2022, https://www.bloomberg.com/news/articles/2022-07-19/kissinger-warns-biden-against-endless-confrontation-with-china#xj4y7vzkg.

[5] 牛军，"东亚冷战视野下的中美关系。"爱思想网站，2018 年 6 月 5 日，https://www.aisixiang.com/data/110324.html。

高得多。而当时的中国军队和今天的中国人民解放军完全没有可比性。著名历史学家许倬云教授的观点最近被台海两岸的媒体引用，他说："如果中美发生战争，双方（和台湾）将两败俱伤，世界将毁掉一半。"①

谨慎乐观的观点及其局限性

鉴于某种有充分依据的观点认为，无论中国还是美国都无法在毁灭别人的同时保全自己，而取得"完胜"，许多人相信双方都不是愿意打仗的。正如我在布鲁金斯学会的同事，曾在奥巴马白宫担任中国事务主任的何瑞恩（Ryan Hass）最近指出的："一旦台湾海峡发生战争，让中国、台湾地区和美国的军队卷入，很难想象哪一方能获胜，并在冲突过后依然保持强大"。②

这也许可以解释，为什么在美国或在中国台湾地区，公众都不热心于支持与北京方面发生军事冲突。至于北京方面，那些中国古已有之的军事战略，尤其古代哲学家、军事家孙子提出的兵法最高境界是"不战而屈人之兵"，

---

① 许倬云，"中美若发生战争，世界将毁灭一半。"腾讯网，2022年8月4日，https://new.qq.com/rain/a/20220804A075DS00。

② Ryan Hass, "An American Perspective on the Role of Taiwan in US-China Relations."

可能也是让北京方面不愿以武力实现统一的原因。在北京的官方语言中，台湾民众一直被称作"骨肉同胞"。对于华盛顿想放弃"一个中国政策"的趋势，北京方面的战略思考评论通常是呼吁"斗而不破"，这反映了中国外交政策建制派的一种更为谨慎的做法。①

虽然这些谨慎乐观的观点都有一定道理，但重要的是，我们仍需要搞清事实，也就是说，有几个关键因素或许导致出现不一样的、更悲观的局面。这些因素包括：

1）中国领导层越来越普遍认为，华盛顿不会放弃其利用人权、香港、新疆和台湾等问题来动摇、分裂和肢解中国的决心。

2）中方认同和平统一机会渺茫、台湾问题只能通过军事手段来解决的人越来越多。用知名学者郑永年的话说，中国"必须重新考虑统一战略和对美政策"。②

3）由于三方（中国大陆、中国台湾地区和美国）以及美国的盟友频繁地进行军舰航行和战机飞行演习，发生不测事件的风险迅速上升。

---

① 王义伟，"中美关系长期处于'斗而不破'状态。"经济观察报，2020年5月12日。https://baijiahao.baidu.com/s?id=1666477970246052290&wfr=spider&for=pc。
② 郑永年，"佩洛西窜访台湾，如何重新思考中美关系和国家统一问题。"搜狐网，2022年8月3日，https://www.sohu.com/a/573962475_429139。

4）在事故风险增大的同时，"北京与台北、北京与华盛顿之间所有的直接沟通渠道中断"。①

可以说，军事冲突迅速升级的危险性和可能性，以及防止出现这种后果的紧迫性之所以变得格外突出，其中最重要的因素，是美国和中国都是世界上最强大的人工智能大国。这样一场战争的爆发和推进，很可能有其独有的特点，与包括当前俄乌冲突在内的许多其他战争有很大的不同。台海战争，如果爆发，将是21世纪的第一场战争，是史上第一次人工智能战争。

爆发涉台高科技战争的可能性

俄乌冲突基本上是一场陆地冲突，至少在冲突的前三个季度美国和北约没有按乌克兰总统的请求提供空中支援。虽然有海军战舰参战，但它们的作用相当有限。相比之下，基于台湾的地理位置和参战部队的战略目标，台海战争的前景将是迥然不同的。

在一体化联合作战方面，中国是后来者。在新中国成立后的头50年里，中国军队采用的是俄军模式，极度重

---

① Hass, "An American Perspective on the Role of Taiwan in US-China Relations."

视地面部队的使用。直到世纪之交，特别是在过去 10 多年里，中国军队才高度重视各部队之间的联合作战。过去几年里，中国强调通过军事变革实现航天和人工智能的跨越式发展，这加快了中国的军事现代化进程。

有意思的是，中国的航天部队（即解放军战略支援部队的航天系统部）成立于 2016 年初，比美国太空部队（USSF）早成立约四年。2019 年 12 月，唐纳德·特朗普总统签署 2020 财年《国防授权法案》，建立了美国太空部队，这是美国的第六支武装力量。[①] 同样，日本航空自卫队最近也组建了一个"宇宙作战群"。日本政府还在 2021 年和 2022 年分别成立了一个电子作战队和一个网络安全卫队。[②]

更重要的是，中国采取了军民融合发展的战略，这一战略在大数据、半导体、核技术、航空航天技术、飞机发动机、造船、5G、机器人和人工智能等许多先进技术上，模糊了军用与民用的区别。据格雷厄姆·艾利森最近发表的研究报告，在这些中美竞争领域中，中国要么已经成为

[①] China Aerospace Studies Institute, "Parsing Chinese Perspectives on the U.S. Space Force." February 24, 2020. https://www.airuniversity.af.edu/CASI/Display/Article/2092425/parsing-chinese-perspectives-on-the-us-space-force/.

[②] 时殷弘，"美国同盟和联盟体系的对华军事态势现状。"复旦大学一带一路及全球治理研究院网站，2022 年 4 月 2 日，https://brgg.fudan.edu.cn/articleinfo_4779.html。

世界第一，要么将在未来10年内超过美国。① 也许更准确地说，在当今世界，美国和中国在上述大部分领域是共同的领导者。

中美人工智能竞争：研究、应用和资源

过去10年里，在人工智能领域，中国政府和私营部门都投入了巨资。其结果是，中国和美国被视为人工智能方面的两个超强国家，因为它们在研究、出版、专利和应用方面领先。图1显示，中美两国在"机器深度学习"和"深度神经网络"的相关学术文章发表方面占据主导地位。2015年，中美两国处在第一梯队，遥遥领先于处在第二梯队的其他发达国家。

斯坦福大学以人为本人工智能研究所发布的2022年人工智能报告显示，中国的人工智能专利申请量增长迅速（见图2）。2010年中国的专利申请量仅占全球的12%左右，到2021年上升至52%。相比之下，美国占17%，欧盟和英国均占4%。日本、印度、澳大利亚、加拿大、俄罗斯、新加坡

---

① Graham Allison, Kevin Klyman, Karina Barbesino, and Hugo Yen, "The Great Tech Rivary: China Vs. the U.S." Harvard Kennedy School, Belfer Center for Science and International Affairs Paper, December 2021, https://www.belfercenter.org/sites/default/files/GreatTechRivalry_ChinavsUS_211207.pdf.

和韩国等其他国家的专利申请比例更是微不足道。

在对人工智能的私人投资上,美国一直遥遥领先于包括中国在内的其他国家。图表3显示,过去10年,美国民间投资规模为1490亿美元,是中国619亿美元的两倍。其他国家,如英国、印度、以色列、加拿大、德国和法国甚至落在更后面。但值得注意的是,据美国联邦调查局和一些美国研究人员的说法,在美国人工智能领域的私人投资者中,有相当一部分具有中国背景。[①]

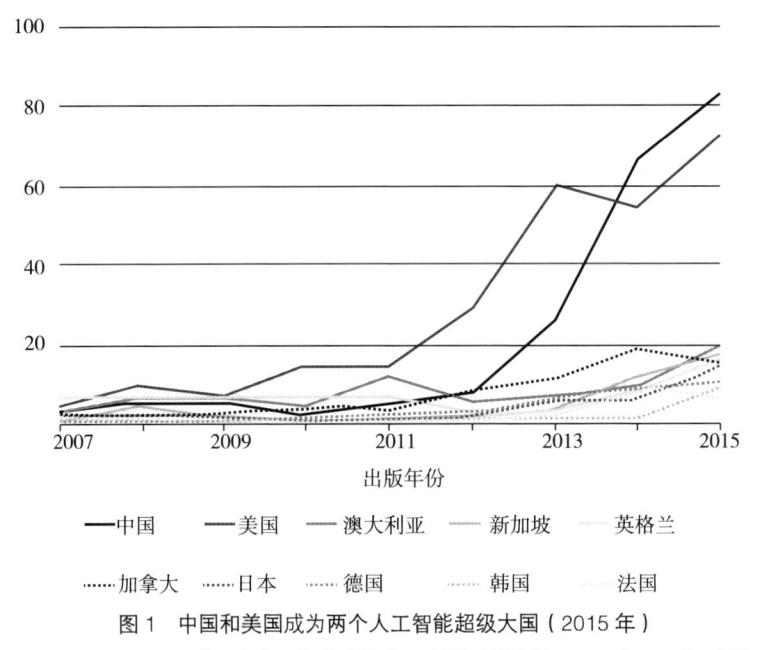

提到"深度学习"或"深度神经网络",并被其他出版物至少引用一次的期刊文章数量

图1 中国和美国成为两个人工智能超级大国(2015年)

资料来源:HBR.ORG,《国家人工智能研究与发展战略计划》,2016年10月;尼尔·艾特肯的《中美人工智能新冷战》,Packt,2018年6月28日;《中美人工智能新冷战》Packt Hub(packtpub.com)。

---

① "美国拟限制中国企业在美投资AI领域,BAT或受影响",中青在线,2017年6月14日,http://news.cyol.com/co/2017-06/14/content_16189356.htm。

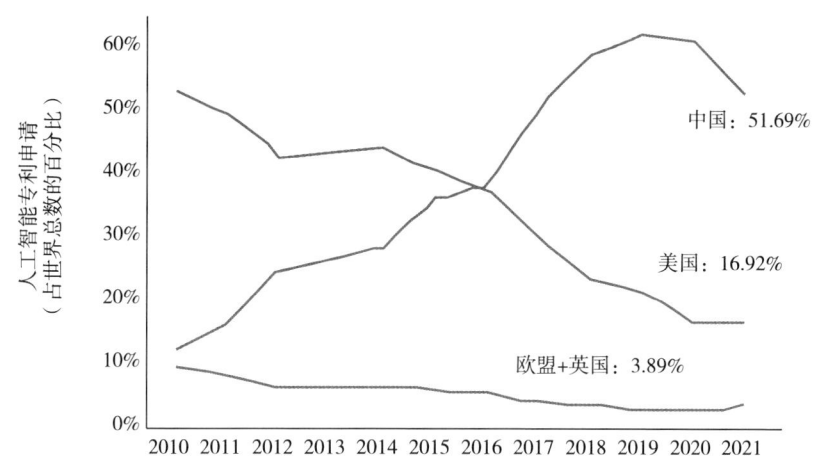

图 2　2010—2021 年按地理区域划分的人工智能专利申请数量（占世界总数的百分比）

资料来源：安全与新兴技术中心，2021 年（《2022 年人工智能指数报告》图表）；埃德蒙·安德鲁斯的《中国和美国：人工智能中希望渺茫的合作伙伴》，斯坦福大学以人为本人工智能研究院，2022 年 3 月 16 日，《中国和美国：人工智能中希望渺茫的合作伙伴》（Stanford.edu）。

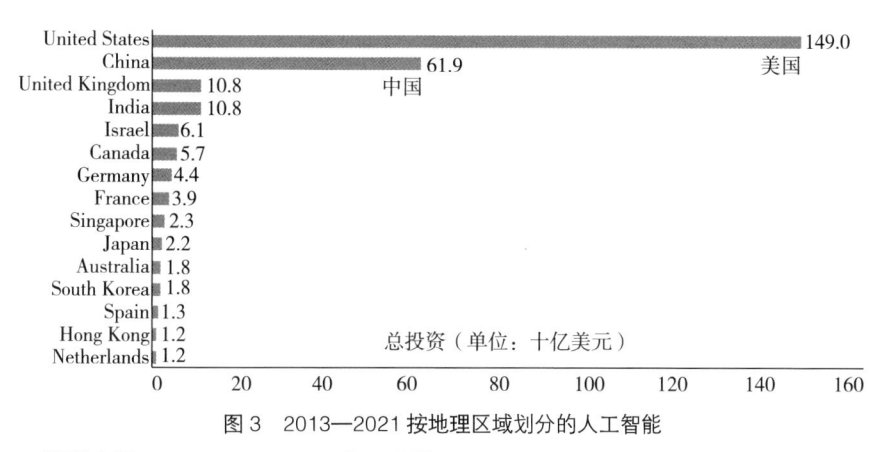

图 3　2013—2021 按地理区域划分的人工智能

资料来源：NetBase Quid，2021 年，以及 Daniel Zhang、Nestor Maslej、Erik Brynjolfsson、John Etchemendy、Terah Lyons、James Manyika、Helen Ngo、Juan Carlos Niebles、Michael Sellitto、Ellie Sakhaee、Yoav Shoham、Jack Clark 和 Raymond Perrault 的《2022 年人工智能指数报告》，人工智能指数指导委员会，斯坦福大学以人为本人工智能研究院，2022 年 3 月．2022-AI-Index-Report_Master.pdf（stanford.edu）。

这当然也解释了，为什么拜登政府要在科技领域与中国选择性脱钩。地缘政治断裂带正在形成，而人工智能技术是竞争与冲突的核心领域。这种恶性竞争让世界两极分化的危险被具体化，似乎表明军事和意识形态的两个阵营再度形成。

阻止史上第一次人工智能战争的爆发

就像俄乌冲突唤起人们对欧洲冷战的记忆，中国对台湾施压以及美国针对中国实施新印太战略（包括佩洛西议长台湾行等改变一个中国原则的挑衅性行为），这样的恶性循环将导致亚太地区 40 年宝贵和平的终结。

如果不能阻止这种趋势，我们就可能面临一场热战，而它也许很快升级为中美之间的一场人工智能战争，一场恐怖的、由致命性自主武器系统（LAWS）制造的机器对机器战争。即使不是军事专家也能明白，在目前各方频繁军演的台湾海峡，发生不测的风险正呈指数级增长。

所有人都应该意识到，如果发生涉台战争，其对世界的灾难性影响将远远超过正在发生的俄乌冲突。人们也许有理由以为，中国和美国都未做好打一场人工智能战争的准备，至少目前是这样。但令人悲哀的事实是，双方对可能发生的人工智能战争准备得越充分，其后果就越可能是悲剧性的。

自 2019 年以来，布鲁金斯学会和清华大学共同举办了中美"人工智能与国际安全项目"对话会，这是一系列二轨（非官方）对话。该项目囊括了两国的顶尖人工智能专家、前政府官员、退役将军和智库学者,他们希望能够帮助指导各自国家的决策者,使其在新的人工智能时代制定出合理的政策。

这些对话聚焦的关键问题,是对于人工智能赋能的军事系统,在其相关国际规范的制定和风险防范工作中,中美两国应当发挥什么样的作用。对话探讨了一些问题及可能达成共识的领域,如目标禁区、数据禁区、相称性原则和人类监督,以及国际规范的建设。这样的双边接触,对于确保双方思想领袖的交流至关重要,而且为未来双方在人工智能领域的协调乃至合作提供了希望。

对于包括中美两个人工智能大国的公民在内的国际社会来说,当务之急是共同努力,来应对我们这个时代与人工智能有关的种种重大挑战。这些挑战涉及伦理、共同规范、法律、人工智能赋能武器的风险防范、人工智能数据的安全、防止关键基础设施被攻击机制、保护全球金融数据的完整性、公众意识和民间话语。

温斯顿·丘吉尔曾经说:"你总能指望美国人做正确的事情,但要在他们试尽所有其他方法之后。"然而在人工智能时代,由于中美关系缺少"沟通机制"(revolving mechanism),至少目前也不存在拜登总统所说的"护栏设置",我们也许并不拥有"试尽所有其他方法"的奢侈。

第六章　分道扬镳？逆全球化时代的中美中产阶层 ●
第七章　同舟共济：寻求中美两国中产阶层的再度合作 ●

第三部分

⋘ 中产与包容

第六章 分道扬镳？逆全球化时代的中美中产阶层[①]

在世界政治、经济和战略版图发生根本性变化的时刻，有必要从中美两国中产阶层的比较视野出发，阐述两个互为因果的重大趋势。首先，探讨目前逆全球化趋势的发展程度：逆全球化还有可能走多远？其次，分析美国中产阶级目前面临的困境，尤其是近些年来华盛顿的经济、政治和安全政策给美国中产阶级带来的负面影响。在此基础上可以探讨，作为社会稳定器的中产阶层对中美两国今后各自发展的重要作用，以及避免并扭转两国关系深度恶化的利益汇合点所在。

[①] 本章最初为作者的中文文章"分道扬镳？——逆全球化时代的中美中产阶层。"发表于《文化纵横》，2022年10月7日。http://www.21bcr.com/fendaoyangbiaoniquanqiuhuashidaidezhongmeizhongchaneji/。

当前世界的逆全球化趋势

最近两三年，世界局势发生剧变。谁会想到，新冠疫情的大流行至今造成了近6亿人的感染以及650余万人的死亡，世界各地相继无休止的封城。谁会想到，由于2020年美国总统选举产生的争议，美国在2021年1月6日发生了袭击并占领国会山的暴力事件。谁会想到，经历两次弹劾的前总统特朗普，目前仍有众多的支持者且掌控着共和党的主流，并有可能在2024年夺回总统宝座。谁会想到，在过去近40多年中建立了千丝万缕联系、频繁交往的中美两国，会面临全面脱钩，甚至军事冲突的危险。谁会想到，曾经强烈批评特朗普鹰派对华政策的拜登团队，在上台两年来不仅没有改善对华关系，反而频繁指责中国政府，要求各国选边站队。

最令人担忧或最坏的情况，是有可能出现世界的两极化对抗。冷战期间的两大阵营，正在以不同的形式回归。中美两国的学者都曾指出，2022年发生的俄乌冲突，是过去30年来世界秩序全面崩溃的一个标志性事件。[1] 国际秩序的倒塌或重建，背后始终都是暴力与战争的腥风血雨。

---

[1] 曹远征，"跨越俄乌冲突陷阱：重新思考以规则为核心的国际秩序。"《文化纵横》。2022年6月2日。

没有人会认为这是重塑国际秩序的最后一场战争，或认为这场冲突的冲击仅限于欧洲大陆，这场冲突带来的毁灭性战争的恐惧和阴影，在相当长时间内都不会消失。

从更广阔的视角来看，美国和欧洲提出"俄乌战争是一场民主与专制较量"的定位，意味着这不仅是西方与俄罗斯的对抗，而且更可能是新时代热战的序幕。如果说美国是一个阵营的领头羊，那么对美国及其一些盟国而言，另一个阵营的领头羊却并不是俄罗斯，而是实非中国莫属。世界两极化也绝非中国领导人所要，中国并不想全面改变冷战后的国际秩序，只是想改革而非取代。

俄乌冲突加速了逆全球化趋势，这或许意味着过去几十年经济全球化进程的结束和世界两极化的开始，其表现在于：第一，产生两套贸易和投资体系；第二，出现两个产业链和供应链；第三，存在两个以石油、天然气为主导的能源体系；第四，扩展两个 IT、5G 和互联网系统；第五，发展两个卫星导航系统；第六，推进两个太空宇航探索规划；第七，区分两个信用卡支付体系；第八，建立两种区块链体系；第九，逐渐形成两种金融和货币体系；第十，造成两个军事和意识形态阵营，即新冷战的出现。当今逆全球化趋势并非是注定和完全不可逆转的。以上这些方面也并非必然全部出现，但部分领域的分道扬镳已经存在，另一些领域目前则尚未明显表现出来,仍有待时间检验。

经济问题的政治化、意识形态的两极化,与美国中产阶级面临的困境互为因果。前两者既是后者产生的背景,也是加剧的动因。新冠疫情暴发之前,各国内部及国家之间的经济差异,已经在世界范围内引发了反全球化运动以及各种各样的"脱钩"。相当一段时间以来,欧洲和北美的相对实力和影响力一直在下降。亚洲国家在全球经济比重的上升是不容怀疑的事实。这也带来了全球化多元发展的变化,包括G20、APEC作用的明显上升。

鉴于目前世界政治经济格局的复杂态势,加上科技迅速发展和文化多元化的环境因素,欧亚大多数国家也许会避免跟着美国重蹈冷战的覆辙。遗憾的是,拜登政府错误地把世界面临的最大挑战看作是"民主国家与专制国家的对决",[1] 从而热衷西式民主的"圣战"。[2] 这一方面忽视了防止核扩散、军备控制、气候变化、可持续发展、公共卫生和海内外的恐怖主义分子等更实际的全球挑战;另一方面也无法向世界解释近期美国国内民主的衰败。

---

[1] Philip Bump, "The Newly Important American Political Axis: Democracy vs. Autocracy." The Washington Post, March 18, 2022, https://www.washingtonpost.com/politics/2022/03/18/newly-important-american-political-axis-democracy-vs-autocracy/.

[2] "裴敏欣:拜登正在与中国打一场错误的战争。"参考消息网,2022年7月19日,http://column.cankaoxiaoxi.com/g/2022/0719/2485921_3.shtml。

意识形态对立并非中美关系恶化的主要原因

就意识形态而言，特朗普总统反移民、反媒体、反民权，种族歧视，甚至鼓励1月6日国会山暴乱挑战美国的民主选举和宪法。如果总统都与美国政府本身的价值观念不同，那又何以能用"价值观冲突"来定义国与国之间不可调和的矛盾和冲突呢？就像民主党参议员伯尼·桑德斯近年来所形容的："民主与威权主义之间的主要冲突不是发生在国家之间，而是发生在国家内部——包括在美国。"[①]

拜登总统结盟阵营对抗的两极化战略，使美国各界对中国的恐惧和妖魔化有增无减。世界大国应该努力改善和弥补全球化的缺陷，而不是选择孤立主义或结盟对抗的道路。不幸的是，我们看到的正是相反的趋势。这与许多年来西方特别是美国国内发生的多方面的危机有关，尤其与美国贫富差距的扩大和中产阶级的萎缩有较大关联。

特朗普是一个逆反的总统。他要制造冲突、仇恨，或者恐惧来赢得支持者。在他2016年选举中，我曾经用"五反"来形容特朗普，就是"反腐败，反精英，反全球

[①] Bernie Sanders, "Washington's Dangerous New Consensus on China: Don't Start Another Cold War," *Foreign Affairs*, June 17, 2021.

化，反移民，反民权"。① 这也是现在人们所说的特朗普主义。

● 反腐败。特朗普在 2016 年选举时以政治权力圈局外人自称，把自己在共和党初选时的对手和民主党的候选人希拉里，都说成是腐败分子，只代表利益集团。

● 反精英。包括像大学、智库，一些主流媒体等，他都反对。这是一种民粹主义的做法。反精英在这一次选举当中表现尤为突出。例如，美国的知识精英包括各大媒体，以及智库、大学，都鄙视特朗普的追随者，认为那些受教育程度不高的人盲目崇拜特朗普，他们在新冠病毒肆虐时不戴口罩的举动很愚蠢。但是这些追随者就跟着特朗普，偏不戴口罩，与主流媒体和精英群体唱反调，对着干。

● 反全球化。因为从 20 世纪 80 年代以来的全球化过程中，美国的中产并没有获益，穷人更没有获益，真正获益的只是 20% 的高收入群体。所以他的反全球化也得到不少美国人的支持。

● 反移民。现在，美国的移民跟很多当地人的矛盾正在加剧。这不仅是美国的现象，在欧洲也是这样。

---

① 柯锐，"李成：特朗普即便败选，但特朗普主义还在。"《新京报》，2020 年 11 月 10 日，https://www.bjnews.com.cn/detail/160500341815508.html。

● 反民权。也就是美国人常说的反"政治正确"。

从特朗普的角度来讲，他的这些逆反是非常成功的，给他带来了大批追随者。正如郑永年教授所描述的："社交媒体和各种传统组织的有机结合导致了各种仇恨主义的崛起，人们仇恨一切，仇富、仇官、仇知识。"[①] 然而，特朗普与很多政客不同。一般的政客在竞选纲领和执政后的行为是不一样的。但是，特朗普在当总统的四年中，他的"五反"一刻都没停止过。这也不仅使他得罪了共和党建制派和各类精英，而且使美国更两极化，各种矛盾尖锐化。

在对华关系上，特朗普政府后期鹰派团队掌控对华政策，他们的战略被中方认为就是要置中国于死地，要像当年搞垮苏联那样搞垮中国。当时主要包括四个方面：第一是全面脱钩，不管是否可能真的实现，对美国造成多大损害，许多方面的脱钩已经在进行中。甚至提议完全停止与中国交换留学生。英国《金融时报》曾报道说，2018年秋天白宫曾经考虑禁止向中国公民发放学生签证，形同把美

---

① 郑永年，"世界秩序进入分裂之路　浮躁或引发战争。"多维网站，2021年8月25日，https://ucpnz.co.nz。

中四十年教育交流画上一个句号。①虽然最后特朗普总统否决了这一举措，但是等于也同时告诉了大家，距离这一步有多么接近。第二是推翻中国共产党，比如打算推出对共产党员及其家属的访美禁令。第三是把中国威胁定义为全社会的威胁，特朗普本人不断使用种族歧视的反华、反华裔语言。第四是在台湾问题上推动台湾独立。

在某种程度上，拜登政府纠正了特朗普鹰派团队的一些对华政策。如不再用"中国病毒""武汉病毒"等侮辱性的语言；其次，明确反对种族偏见、种族歧视；再有，"教育脱钩"有所改善，对中国留学生的签证政策有所松动。在新冠疫情发生后的2021年，美国给中国留学生发了10万张签证。这是一个非常积极的信号，表明两国人文教育领域的交流仍在继续。在台湾问题上，拜登政府至少还是宣称"一个中国政策"没变。此外，两国在应对气候方面已经启动对话，包括派他的气候变化事务特使克里去中国访问等。

遗憾的是，拜登政府继续推动经济问题的政治化和意识形态的两极化。与特朗普政府时期的单边主义外交政策不同，拜登政府致力于通过联盟驱动的竞争体系和"价值

---

① Demetri Sevastopulo and Tom Mitchell, "US Considered Ban on Student Visas for Chinese Nationals ." *Financial Times*, October 2, 2018, www.ft.com/content/fc413158-c5f1-11e8-82bf-ab93d0a9b321.

观外交"来遏制中国。拜登总统结盟阵营对抗的两极化战略，使美国各界对中国的恐惧和妖魔化有增无减。世界大国应该努力改善和弥补全球化的缺陷，而不是选择孤立主义或结盟对抗的道路。不幸的是，我们看到的正是相反的趋势。

拜登民主党政府在美国国内提出要改变其制度性的种族歧视。他们很强烈地批评前总统特朗普和共和党保守势力。对国际上发生的很多事情，当然也会有批评，这有一定的一致性。而且在很多方面其他国家也确实存在着各自的很多问题。但是问题在目前这样一个情况下，中国民族主义情绪在上升，很多人认为所有这一切都是要妖魔化中国。所以对很多合理的批评和需要改进的地方，中国都会做出强烈政策反弹。同时，在一些中国学者和官员看来，中美关系中的意识形态矛盾不应该是中美关系恶化的原因。拜登政府建立反华联盟并在意识形态上做文章，特别是在新疆问题上对中国定性，这几乎将中国逼入墙角。

美国中产阶级面临的困境

中美中产阶层不同的全球化处境

20世纪以来，尤其是二战后，美国政治的稳定与以中产阶级为主体的社会经济结构休戚相关。美国目前所出现的许多经济、政治、社会安全问题，部分也是由于美国中产阶级的大幅度萎缩。过去几十年间，美国中产阶级日渐萎缩，人群占比从二战后占美国人口的70%跌至20世纪70年代初的61%，2000年降至55%，如今约为49%到50%左右，实际的数字可能会更低，加上许多经济学家预测的即将到来的经济衰退，将会加剧挤压中产阶级的生存空间。

有人认为，美国与中国一样，是全球化过程中获益最大的国家。从国家的角度来看，这一说法是正确的。正像郑永年教授指出的："全球化的过程为美国创造了巨大的财富。美国把低端技术转移到中国，积累了财富的同时又提升了国内的技术水平。中美两国在全球化的过程中是非常互补的。"[1] 而问题在于美国国内财富分配及其不均。也就是说，对于收入群体而言，中国收入群体都是获益的，而美国则没有。根据杜克大学华裔教授高柏的分析，"全球化过程中的受益群体与受损群体之间的矛盾是全球化逆转的重要推动力"[2]。具体地来讲，在1977年到1999年间，美国的跨国公司在国内制造业的就业岗位减少了300万

---

[1] 郑永年，"世界乱了，中国怎么办？"腾讯网，2022年5月3日，https://new.qq.com/rain/a/20220503A04UKJ00。

[2] 高柏，"全球化逆转的因果机制。"《文化纵横》，2016年12月2日。

个。2008年的金融危机造成了美国中产阶级家庭资产净值的损失超过四分之一。①

世界不平等数据库曾对1980年至2021年期间中美两国五个收入阶层的收入变化进行比较。数据显示，中国各个收入群体都获益匪浅，即使是最低收入人群也不例外（约300%的增长）；而美国只有最高收入群体中20%的人群收入有明显增加（高于200%），其他四个收入群体（80%）的人群没有得到实质性改善。这是中美两国在经济全球化过程中非常明显的一个差别（见图1）。根据我布鲁金斯的同事，著名社会学家理查德·里夫斯（Richard Reeves）近期的研究，2020年美国中产阶级大多数男性的工资（按实际价值计算）低于1979年。②

所以，全球化在中美两国的视野中完全不一样。美国只有20%的群体在全球化中获益巨大，其他群体的收益在过去40多年中并没有得到改善——这就是特朗普能够在2016年大选中强调为中产阶级减税、抨击华尔街和精英群体，并最终取胜的一个主要原因，也是拜登总统把"外交

---

① 高柏，"全球化逆转的因果机制。"《文化纵横》，2016年12月2日。
② Richard V. Reeves, *Of Boys and Men: Why the Modern Male Is Struggling, Why It Matters, and What to Do about It*. (Washington DC.: Brookings Institution Press, 2022), and "Why men and boys are falling behind, with Richard V. Reeves." Niskanen Center Website, September 28, 2022, https://www.niskanencenter.org/why-men-and-boys-are-falling-behind-with-richard-v-reeves/.

为中产阶级服务"作为 2020 年竞选纲领，以及近期致力于通过为中产阶级减少医保压力法案和减免部分学生贷款法案的动因。

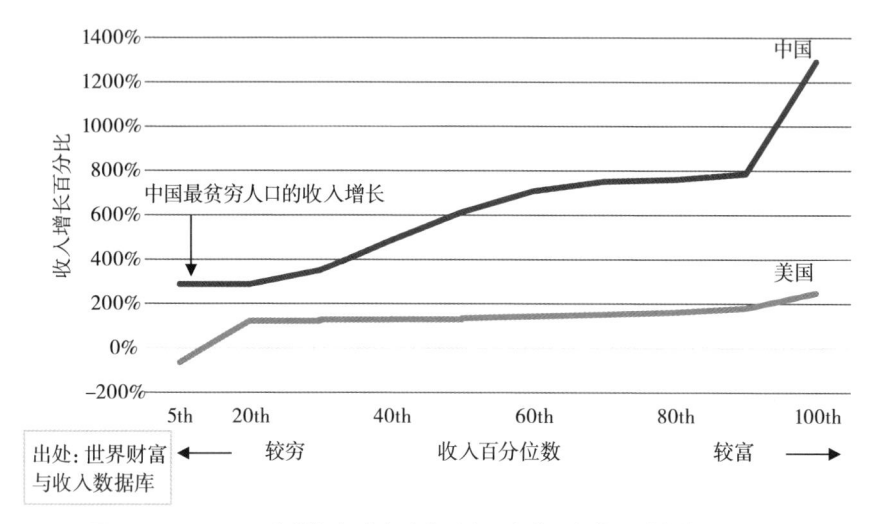

图 1　1980—2021 年期间经济全球化对中国和美国各收入群体的不同影响

中国在过去 40 年的情况与美国很不一样。20 世纪 90 年代以前，中产阶层在中国几乎是不存在的。但如今，越来越多的中国公民（目前估计有 4 亿到 5 亿人）享受着中等收入人群的生活方式，他们拥有私人财产、私人汽车、较好的医疗保健和积累的金融资产，而且有能力支付出国旅行和子女的海外教育。从人均 GDP 来看，1979 年中国开始经济改革时，其人均 GDP 不足 300 美元，约为美国的 3%。到了 2019 年，人均收入提高了 25 倍，人均 GDP 从 2001 年的约 1000 美元增加到 2021 年的 1.25 万美元，预计 2035 年将达到 3 万美元。2021 年上海的人均 GDP 已达约2.7万美金。

中国人民银行2019年10月对中国城镇居民进行的大规模调查显示，城镇居民家庭拥有房产的比例为96%，其中31%拥有两套住房，11%拥有三套房产以上。上海几乎所有有上海户籍的家庭都拥有住宅物业。上海居民家庭房屋资产平均价值为120万美元。[①]近年来中美之间中产群体的差异可见一斑。这对美国人来说是难以想象的数字。中国中等收入人群不仅在上海等超大型城市迅速发展，在二三线城市也不断增长，从沿海到内地城市。

值得关注的是过去三年来由于新冠病毒肆虐对各国经济的巨大负面冲击，各国中产阶级的处境有多大的改变。根据美国政策研究所2021年的一份报告，从2020年3月18日到2021年3月18日的一年中，全球经济萎缩了3.5%，若将每天生活费在10.01美元—20美元之间的人（等同于一个年收入在14600美元—29200美元之间的四口之家）划分为中产阶级，那么相比疫情前，全球共有5400

[①] "中国人民银行：2019年中国城镇居民家庭资产负债情况调查。"新浪科技，2020年4月25日，https://tech.sina.cn/2020-04-25/detail-iircuyvh9753649.d.html. *Zhongguo renming yinhang diaocha tongji si chengzhen jumin jiating zichan fuzhai diaocha [Research Group of Urban Residents' Assets and Liabilities Survey, the Statistics Department of the People's Bank of China], "Chengzhen jumin jiating zichan fuzhai diaocha" [Urban Household Assets and Liabilities Survey], Zhongguo jinrong [China Finance], no. 9 (2020)*。

万人在这一年中被"挤出"中产阶级。这是自 1990 年代以来，全球中产阶级人数首次出现萎缩。①

尽管如此，由于经济结构和发展阶段的不同，西方包括美国的中产阶级所经历的变化和挑战要比一些新兴中产阶级社会要更为明显。就中国而言，近期新冠的蔓延对中国的影响还有待观察。即使没有新冠疫情的肆虐，中国经济发展面临财政部副部长廖岷所说的"需求收缩、供给冲击和预期转弱三重压力。"②

然而，根据英国主要经济刊物《经济学人》和世界银行前副总裁林毅夫在 2022 年春季的分析，基于中国政府共同富裕的政策将重点加强中等收入人口的增长，中国有望在未来的几年内，"跨越中等收入的陷阱。"③ 中国有全球最大的拥有 14 亿人口的统一市场，有全球最大的约 4 亿的中等收入群体，中国的城镇化进程距离发达国家仍有 20 到 30 个百分点的空间，潜力巨大。

---

① "新冠这一年，全球 5400 万人被'挤出'中产阶级。"《新金融评论》，2021 年 4 月 13 日，https://baijiahao.baidu.com/s?id=1696875036533728461&wfr=spider&for=pc。

② "财政部副部长：更多政策组合在研究和储备之中。"《中国证券》，2022 年 4 月 16 日。

③ "中国明年将跨越中等收入陷阱。"《经济学人》集团，2022 年 2 月 17 日；林毅夫"中国距离跨越中等收入陷阱仅'一步之遥。'"北京大学新结构经济学研究院网站，2022 年 3 月 4 日，https://www.nse.pku.edu.cn/sylm/xwsd/520031.htm。

第三部分 中产与包容

美国中产阶级面临的多重危机

近些年以来，一些现象——例如2011年爆发的占领华尔街运动，好莱坞电影《小丑》《无依之地》的广受欢迎——反映了美国普通民众对超级富豪精英的怨气日生。两年前，有五万美国人在网上签署请愿书，称亚马逊总裁贝佐斯在完成太空之旅后不必返回地球。虽然这只是调侃，但也从一个侧面反映了美国民众的仇富心态非常广泛。上述示例说明，美国中产阶级和劳工阶级的愤怒与沮丧与日俱增，国内多方面的撕裂也与此密切相关。

在这样的背景下，美国政府最近几年的经济、政治和安全政策给美国中产阶级带来的负面影响日渐加剧。首先，经济衰退不可避免。美国正在经历40年来最高的通货膨胀，油价在俄乌冲突中又飙升至美国油价的历史最高水平。诺贝尔经济学奖得主斯蒂格利茨最近发出警告，认为美国领头的本轮全球通货膨胀所带来的冲击严重程度，要比20世纪70年代通货膨胀高一个量级。[1]因为从欧洲和全球来看，它不仅仅事关能源危机，而是包括了粮食、石油、疫情带来的三重冲击。在就业方面，目前美国的就业情况良好，很多人缺乏上班意愿，因此用工单位出现了

---

[1] "诺奖得主斯蒂格利茨警告：全球通胀冲击严重程度比70年代'严重一个数量级。'"凤凰网，2022年5月24日，https://i.ifeng.com/c/8GGxPmBmyCy。

用工难的状况。美林最近的一项研究称,一些美国人由于仍有两三个月的新冠疫情纾困后的积蓄,所以他们不想工作。此外,新冠疫情也给部分人的生活、工作观念带来了变化。很多人认为,目前良好的就业情况并不真实,甚至有人认为经济萧条即将到来。美国前财政部部长萨默斯也提出,美国的经济衰退是必然趋势。[①]

根据《金融时报》和芝加哥大学对主流经济学家做的联合调查表明,70%的经济学家认为明年美国经济会陷入衰退。[②] 就股市而言,美国股市也已经进入了熊市,美国的投资银行认为美国股市潜伏着巨大危机。由于美国老年退休金大幅缩水,股市的下跌对于依赖401K账户的人来说是一个沉重的打击。同时,美国中产阶级几乎所有人都背负着房贷的压力,加之已经受影响的房地产市场,目前美国30年期房贷利率已经突破了5%大关。美国人普遍没有银行存款,中产阶级很多人依靠信用卡维持生活。美国中产负债绝大多数都是房贷,每年还要付占房产约1.5%的房产税。如果失业,整个家庭的生活方式将马上发生显

[①] 赵颖,"美国前财长萨默斯警告:衰退即将到来,然后是'长期增长停滞。'"《华尔街见闻》,2021年12月23日。https://wallstreetcn.com/articles/3648060。

[②] "通胀再创新高,经济学家:美国经济将于明年陷入衰退。"《金融时报》,2022年6月12日,https://www.sohu.com/a/556798975_121335114

著改变。假设一个家庭拥有 100 万美元房产，每年要缴纳 1.5 万美元房产税，每月还有房贷，一个月要付六七千美元，一失业就负担不起。

美国经济学家普遍担心，美国经济的硬着陆只是时间问题。硬着陆意味着通货膨胀、利率飙升、房地产泡沫破裂，失业率上升的恶性循环。这无疑会加剧贫富差距，无家可归的人数必然将大量增加。在首都华盛顿，肯尼迪中心、水门大厦前有不少无家可归的帐篷。据不完全统计，目前加利福尼亚州约有五万至七万五千多无家可归的人。

其次，政治分裂难以弥合。美国在多方面存在着尖锐的分裂，包括党派、宗教、种族、阶级、利益集团、代际、区域、产业和意识形态等等，这些分裂将在很长时间内持续存在。有人曾设想俄乌冲突也许会使美国国内，尤其是民主党和共和党团结起来，一致应对外来的挑战。但这一预想并没有发生，两党在选战前仍然热衷于重力攻击对方。2020 年总统选举和美国过去一百多年的总统选举都不同。以往的大选，很多人关注的是两党政策的不同、对各自利益的利弊。但对于这次选举，民主党和共和党都有人说，这是光明与黑暗的抗争，是正义与邪恶的较量，是良知与愚昧的冲突。这种说法凸显了这次选举中不可调和的矛盾。

在种族方面，美国的人口结构正在发生历史性变化。目前，美国的 18 岁以上人群，白人已经不到一半。作为一个多民族的国家，现在美国已经没有一个种族占绝大多数。美国的一些白人至上主义者，往往会对其国内人口结构变化产生恐惧。这也可以说是本书前面提到的亨廷顿的"文明冲突论"的内化。

布鲁金斯学会我的两位同事约翰·艾伦（John R. Allen）和达雷尔·韦斯特（Darrell M. West）2021 年初发表了一份《如何治愈两极分化的美国》的长篇报告。他们指出："要解决美国的问题，我们需要了解两极分化、激进主义和极端主义的根源。这些问题并不是最近才出现的，而是几十年来逐渐显现出来的，尽管互联网和数字工具的出现使它们的问题变得更加棘手。收入不平等、地理差异、系统性种族主义和数字技术的结合损害了经济繁荣和基本治理。……美国的收入不平等达到了 20 世纪 20 年代和 30 年代以来前所未有的高度。近几十年来，美国的工资差距扩大了一倍多。"[1] 这份报告还引用了布鲁金斯学会其他两位同事拉肖恩·雷（Rashawn Ray）和安德烈·佩里（Andre Perry）的研究发现："白人家庭平均财富大约是

---

[1] John R. Allen and Darrell M. West, "Ways to reconcile and heal America." Brookings Institution Report, February 8, 2021, https://www.brookings.edu/research/ways-to-reconcile-and-heal-america/.

黑人家庭平均财富的 10 倍，而且这种差距在过去几十年里不断扩大。"①

拜登上台后提出了一些维护少数族群，包括华裔群体权益的法案，确实为改善种族矛盾做了一些事情。但种族矛盾和冲突并没有得到明显控制，民众间的仇视、对抗仍在上升。而且反亚裔反华人事件继续增加。民调显示，三分之一的亚裔对种族冲突已经产生了恐惧，并开始逐渐改变自己的生活方式。前段时间我所在的布鲁金斯学会邀请了越南裔的国会议员来给我们做演讲，她在演讲中也谈到了，她现在去停车场，或者夜间外出，都会感到非常惧怕。对议员来讲都是如此，可以想象其他亚裔群体目前的心理状况。

还有，近期美国联邦最高法院正式作出判决，取消宪法规定的合法堕胎权，且将赋予各州制定堕胎法的权力，这造成了美国民众的抗议，抗议者认为这是历史的倒退。而与此同时，很多州的毒品"非刑事化"，加剧了毒品泛滥，也腐蚀社会与年轻人。另外，根据美国疾病控制与预防中心估测，在 2020 年 5 月到 2021 年 4 月期间，有 10 万名美国人死于过量用药，比前一年增加了近 30%。其中

---

① John R. Allen and Darrell M. West, "Ways to reconcile and heal America." Brookings Institution Report, February 8, 2021, https://www.brookings.edu/research/ways-to-reconcile-and-heal-america/.

大多数（64%）死于芬太尼滥用。①

再次，枪支管控遥遥无期。数据显示，美国在2020年因枪支暴乱造成的凶杀率已经上升了35%。去年有一万九千人死于枪击，而今年上半年就已经超过了这个数字，达到了1994年以来的最高水平。现在美国平均每天都会发生两起群体枪击案，而我们却看不到对这种情况有效的制止。全国平民拥有4亿支枪（平均超过一人一枪），占全球平民拥有枪支的40%。两个月前，新闻称美国国会两党在枪支管控方面取得重大突破性进展，而这一进展仅是要求不许危险罪犯和被判定为精神病患者的人购买武器。新法案并没有显著的调整，甚至对半自动枪支购买的年龄都没有进行限制。当一个国家的托儿所、小学、中学老师需要携带枪支去上课时，或雇用保安人员在教育场所戒备森严，足以说明美国社会问题的严重和可悲。

最后，安全焦虑与日俱增。许多分析认为美国正在俄乌冲突中获益，其主要依据包括资本从欧洲流入美国、美元的走强、美国领导的联盟愈发团结、美国盟国的军事预算迅速增加以及美国在全球武器销售的预期增长，等等。但这一观点忽视了美国政府面临的安全焦虑以及危险发生

---

① "疾控中心：美国逾10万人死于用药过量。"美国之音中文网站，2021年11月18日，https://www.voachinese.com/a/overdose-deaths-top-100000-cdc-says-20211117/6317842.html。

的可能性，也忽视了美国中产阶级的感受。当前，由于美国在不断巩固与同盟国的关系、持续推进亚太战略等方面的举措，致使中国承受着巨大压力。但美国同样有着巨大的压力，其在全球四面树敌，包括俄罗斯、中国、伊朗、朝鲜、中东等国家和地区。

如果俄乌冲突的结果是乌克兰失去东部的大片领土，这可能将是美国在过去的一年间继阿富汗战争狼狈撤离后遭受的又一次沉重打击，会进一步加深美国社会和中产阶级对自身国力的焦虑、失落和危机感。一般来讲，当美国面临重大国际安全挑战时，总统将会得到民众的广泛支持，但这次却正好相反：拜登在俄乌冲突后支持率并没有急剧上升，说明了美国社会自身的安全焦虑。对美国国内政治而言，美国民众的这种心态可能会导致右翼好战势力推动鹰派外交政策，以致美国鹰派政客的加速崛起。

美国内部的撕裂和困境将会延续很长时间，将给美国乃至世界带来极大的不确定性和冲击。总体看来，中美两国关系并非像有些学者所说的，是一种垂直坠落，而很可能是螺旋式下坠，是互相强化的不安、恐惧、抵制、强硬和对抗的危险局面。

比较视野下的中美中产阶层：稳定器和推动力

中产阶层是中美社会长期的稳定器

中国哲学家孟子的名言"有恒产者有恒心"，表明特定社会中财产所有权与社会政治的稳定具有相关性。中美两国的中等收入人群都是社会的稳定器。美国内政以前曾经有过相当长时间的稳定，就是因为有强大的中产阶级；而现在之所以出现问题，如前所述，其中一个重要原因就是中产阶级萎缩。

中国的中等收入人群在过去一二十年的迅速发展及其在当前经济放缓后的状况，相对来讲都是新的议题。我们需要对中国的中等收入群体进行深入了解，对其在中国经济、政治、社会等方面的作用要不断进行动态分析。任何社会中等收入群体都有政治取向——不管是哪个地方的中等收入群体都认为，我赋税了，我就应该享有权利。上海在这方面的发展走在全国前面，比如建立物业委员会进行民主治理。中等收入群体与政府和社会的关系也在不断发展变化，但不是西方所预期的那样学习西方民主，中国有自己的发展逻辑和实践模式。中等收入群体在与政府的互动、治理问题上面临的机遇和挑战，或将是中国今后发展的一个重点方面。中国中等收入群体的健康发展影响着中国的发展前景。

中等收入群体是中美关系新的推动力

过去二三十年，中美关系的驱动力主要来自华尔街与美国企业界。但是美国近年的公共话语中，人们倾向于认为与中国做生意主要是为了美国公司和富人的利益，而不是为美国中产和劳工阶层的利益，对中产阶级和消费者不仅没有什么大的益处，甚至扩大了美国的贫富差距。这种观点是非常值得重视的。

因此，对于美国是否会取消对中国的关税的问题，目前看来，可能会取消一部分，但要取消全部几乎是不可能的。取消关税是有政治阻力的：复杂的国会议事程序、劳工组织的反对，反华势力的活跃都会给减少关税、去关税设立很多关卡。"去关税"实际上可以帮助美国缓解通货膨胀，是一个双赢的选择，连去关税都这么难，其他议题的难度更是可想而知。拜登的做法，就是响应两党"拼谁对中国更强硬"这种随波逐流的对华政策。经贸关系虽然还可以称为两国关系的"压舱石"，但由于美国国内的贫富分化和政治对立，已经不是"驱动器"了。

中国必须要了解，西方为什么对中国有这么多批评，为什么有人认为中国抢了西方的饭碗。我当然不同意这种说法，美国中产阶级萎缩更多应归因于美国过去数十年分配结构缺陷、贫富悬殊和行业垄断。但另一方面，这种现象也解释了美国民众对中国的观念和态度，美国人不会觉得这一切都是自己的错，这种心态很微妙。而很多中国人对美国中产境遇缺乏了解，因此难以换位思考，如何弥补这种认知差异很关键。中国中等收入人群是改革开放的一个产物。中美关系目前是在不断恶化中。在这样的环境下，为中美交往寻找新的推动力变得愈发重要，我们急需构筑两国良性互动基础，扩展双方的共同点。两国中等收入人群的利益交汇而不是利益冲突是极其重要的。目前中美两国领导人同时都在推动中等收入人群的发展，强调世界上最大的两个中等收入人群国家的合作，可以摒弃妖魔化对方和零和博弈的思维。

中美双方的中产都有合理要求，都要寻求一个中等收入人群的生活方式。有了对共同愿望的认识，就会产生互相尊重，就会有更多的换位思考。由于中美两国在历史、文化、经济结构和政治制度上存在巨大差异，两国中等收入人群在构成、世界观和行为方面都不尽相同。然而，在对中等收入人群生活方式的欣赏，维护私有产权，关注全球金融和经济稳定，欢迎以推进公共教育、环境生态、食品药品安全、政府问责制和透明度为重点的政策方面，中国中产人士与美国中产阶级是非常相似的。中美中等收入人群的比较从根本上来讲不是要比双方的不同（尽管我们必须了解彼此面临的困境和艰难），而是要比双方的相同之处，在相同之处当中找到合作的可能性。

为此，中美两国应该更多地扩大市场、扩大互相优惠互相获利的开放。大家一起把中产世界的蛋糕做大。中等收入人群是市场开放的一个产物。中国中等收入群体崛起，应当被看成是中美关系的巨大资产和机遇，而不是威胁。

第七章　同舟共济：寻求中美两国中产阶层的再度合作[①]

中美关系近年恶化的速度和范围超出人们的预期，这一世界上最重要的双边关系正在朝敌对和危险的状态发展。双方不仅指责对方是泯灭人性的政权，揣测新冠疫情是由对方实验室泄漏所引发，而且两个超级大国之间发生军事对抗和战争的风险也在上升。

要是相信有什么简单方法能扭转或阻止这种令人不安的趋势，那是太天真了。近期恢复并正在进行的气候变化对话，以及呼吁中美就塔利班控制的阿富汗进行合作，这些都是值得欢迎的进展，但对于双边关系的强大的零和博弈思维将严重破坏这些努力，在这种不断恶化的环境下，

[①] 本章最初见作者的英文论文 "Focusing on the Middle Class"（"关注中等收入群体"），发表于 *China-U.S. Focus*（《中美聚焦》），2021 年 9 月 14 日。https://www.chinausfocus.com/society-culture/focusing-on-the-middle-class-22593。

为中美交往寻找新的推动力变得愈发重要。

共同的国内目标

在审视中美两国最高领导人的优先要务时，有一个领域具有明显的共同点，那就是中等收入人群的发展。"中产阶级外交"是拜登总统任内的核心，拜登的高级助手，包括国务卿安东尼·布林肯、国家安全顾问杰克·沙利文和国务院政策规划主管萨勒曼·艾哈迈德，他们经常都在宣传这一总体目标。[1] 拜登政府的四大优先事项——抗击新冠、重振经济、改善种族关系和应对气候变化——说明其政策侧重于国内，尤其是有利于中产关注的问题。

事实上，拜登的前任特朗普总统"让美国再次伟大"和"美国优先"的政策，也强调对中产阶级减税。正如美国著名经济学家努里尔·鲁比尼所指出的，当美国的不平等"变得过分，政客们（无论左右）都会变得更加民粹主

---

[1] Salman Ahmed, Wendy Cutler, Rozlyn Engel, David Gordon, Jennifer Harris, Douglas Lute, Daniel M. Price, Christopher Smart, Jake Sullivan, Ashley J, Tellis, and Tom Wyler, eds., *Making U.S. Foreign Policy Work Better for the Middle Class*. (Washington DC.: Carnegie Endorsement for International Peace), September 23, 2020. https://carnegieendowment.org/2020/09/23/making-u.s.-foreign-policy-work-better-for-middle-class-pub-82728.

义",尤其在采取政策取悦中产阶级方面。①

对中国而言,自世纪之交以来,优先减贫和扩大中等收入群体就始终是一项重要的国家发展战略。习近平主席实现"中国梦"的蓝图,以及最近的"共同富裕"发展战略,着重点都是扩大中等收入群体。中美两国同时都在推动中等收入群体的发展,这能否成为合作或良性竞争的共同基础,而不是零和对抗的根源呢?

两国中等收入人群地位对比

对华盛顿的外交政策圈子来说,中国中等收入群体的迅速壮大并未带来世界和平出现积极变化或两国互利共赢的希望,反而使人担心这一进程只对中国有利,甚至可能损害美国的霸权与安全。然而,将美国自身经济结构和分配问题归咎于外部因素的简化观点只是故事的一部分。要知道,经济全球化以截然不同的方式影响了不同的国家(尤其是不同的社会经济群体)。正如美国一位高官所描述的,全球经济格局朝有利于中国的方向演变"代表了

---

① Nouriel Roubini, "Why Biden's Economic Policies are More Like Trump's than Obama's." *Market Watch*, August 3, 2021, https://www.marketwatch.com/story/why-bidens-economic-policies-are-more-like-trumps-than-obamas-11628003140.

人类历史上最大规模的财富转移之一"。[①] 1979年中国开始经济改革时，其人均GDP不足300美元，约为美国的3%，一个明确的社会经济"中产阶层"在中国几乎是不存在的。

但如今，越来越多的中国公民（目前估计有4亿到5亿人）享受着中等收入人群生活方式，他们拥有私人财产、私人汽车、较好的医疗保健和积累的金融资产，而且有能力支付出国旅行和子女的海外教育。到了2019年，也就是中国启动经济改革40年后，它的GDP增长了60倍，人均收入提高了25倍。[②] 人均GDP从2001年的约1000美元增加到2020年的1万美元，预计2035年将达到3万美元。

与之对照，美国中产阶级却日渐萎缩，从二战后占美国人口的70%降到20世纪70年代初的61%，2000年

[①] Walter Russell Mead & Christopher Wray, "The Threat Posed by the Chinese Government and the Chinese Communist Party to the Economic and National Security of the United States." Hudson Institute website, July 7, 2020, https://www.hudson.org/national-security-defense/transcript-the-threat-posed-by-the-chinese-government-and-the-chinese-communist-party-to-the-economic-and-national-security-of-the-united-states.

[②] Cheng Li, *Middle Class Shanghai: Reshaping U.S.-China Engagement*. (Washington DC.: Brookings Institution Press, 2021).

再降至55%，如今约为50%。① 根据世界不平等数据库提供的统计，1980年至2014年期间，各收入阶层的中国公民都从经济全球化中获益匪浅，而美国只有顶层那20%的人收入显著增加，其他所有收入阶层则几乎没有改善。② 近年的一些事件，例子包括2011年的"占领华尔街"运动、《小丑》和《无依之地》等美国影片的受欢迎、公众对超级富豪精英的怨气日深（如5万美国人在网上签署请愿书，称杰夫·贝佐斯完成太空之旅后不应该返回地球），都说明美国中产和劳工阶层的愤怒和沮丧与日俱增。

可以理解的是，中美两国中等收入群体发展的不同轨迹，导致一些美国领导人要求中国进行公平的商业竞争，不要在"美国中产阶级压力山大"的时候违反WTO规则。③ 但如果认为美国有关中产阶级发展的论述大致要靠在言辞上谴责中国来推动，那未免夸张。美国前劳工

---

① "America's Shrinking Middle Class: A Close Look at Changes Within Metropolitan Areas." Pew Research Center, May 11, 2016, https://www.pewresearch.org/social-trends/2016/05/11/americas-shrinking-middle-class-a-close-look-at-changes-within-metropolitan-areas/.

② "China's rise and a better life." Global Strategies, November 20, 2018, https://daveporter.typepad.com/global_strategies/2018/11/from-the-ny-times-series-china-rules-here.html.

③ William J. Burns, "The United States Needs a New Foreign Policy." *The Atlantic*, July 14, 2020, https://www.theatlantic.com/ideas/archive/2020/07/united-states-needs-new-foreign-policy/614110/.

部长罗伯特·赖克认为，美国应当把注意力放在早该进行的基础设施公共投资上，而不是指责中国。① 参议员伯尼·桑德斯坚称，美国必须解决国家在"医疗、住房、教育、刑事司法、移民及其他诸多领域"面临的危机。在他看来，"两党日益推动与中国的对抗将推迟这些目标的实现"。②

无论是特朗普政府还是拜登政府都说要把制造业带回美国，要改变美国产业链对中国的依赖。当然，即便没有新冠疫情，对美国来说，一些产业上的调整也是合理的。考虑到疫情，自主发展医疗产业、扩大口罩生产等减少依赖，这都没有问题，但大规模产业链回归美国，终止全球化的进程对美国是否有益是很值得商榷的。但与中国"脱钩"会带来一连串的反应。一方面，中国可能会有进一步的反制措施，美国企业也会受到冲击；另一方面，也涉及其他国家的企业，全球整个产业链会被影响。所以，西方和美国的一些企业也会不断游说来改变华府目前的产业链全面重建的考虑和举措。

---

① Robert Reich, "The US's Greatest Danger isn't China. It's Much Closer to Home." *The Guardian*, June 20, 2021, https://www.theguardian.com/commentisfree/2021/jun/20/the-uss-greatest-danger-isnt-china-its-much-closer-to-home.

② Bernie Sanders, "Washington's Dangerous New Consensus on China: Don't Start Another Cold War." Foreign Affairs, June 17, 2021, https://www.foreignaffairs.com/articles/china/2021-06-17/washingtons-dangerous-new-consensus-china.

中美关系：变局中的利益交汇点

我认为在全球化的今天，要重建一个完整的工业体系，既不符合当下的时代，更不符合美国的利益。美国的80%是服务业，金融和服务业的强大，是美国的实力所在。把制造业重新带回美国是否可行，能否改变就业结构、建立一个"自给自足"的工业体系对美国是否是上策，能否促进美国经济的发展都是个问号。跨国公司根本上是利益驱动的，而不是为了政治目的。

前两年麦肯锡有个报告，说再过10年中国消费市场可能达到6万亿美元，相当于同期美国和西欧的总和。所以美国主导的跨国公司不会放弃中国工厂、中国市场。麦肯锡的报告认为：中国对世界的依赖正在减少，世界对中国的依赖正在上升；而且美国对世界的依赖在上升，世界对美国的依赖在减少。这种变化也表明，脱钩很难，全球产业链的分工还是有很强劲的生命力。更何况如刘鹤副总理最近所说，中国"拥有世界上规模最大、门类最齐全的制造业体系，220多种工业产品产量位居世界首位，在全球产业分工体系和供应链体系中占据举足轻重的地位。……市场范围决定分工广度和深度。市场是全球最稀缺的资源"[1]。超大规模的国内市场给中国经济发展带来显

---

[1] 刘鹤，"把实施扩大内需战略同深化供给侧结构性改革有机结合起来。"《人民日报》，2022年11月4日。

著的规模经济优势。

美国的企业界商界对与中国全面脱钩和精准脱钩都持保留意见,他们还希望与中国保持贸易往来。关于近年来媒体关于外资撤出中国的说法具有误导性,这种说法并没有给出确切的数字,也没有说明撤出中国是暂时性的还是长时间的。据我观察,美国的投行对中国的政治、经济、社会和科技发展都非常关注。一个简单的道理是:如果中国市场不好,那么世界上哪一个地区和市场是好的?答案是当今世界没有这样一个理想的大市场。

通过共同推动中等收入人群发展重塑中美关系

中等收入人群发展这一共同的当务之急可以带来非传统思维,帮助化解冰冷的双边关系。以下四个因素凸显了这种方法的重要性和可行性。

1. 培养共同身份。由于中美两国在历史、文化、经济结构和政治制度上存在巨大差异,两国中等收入人群在构成、世界观和行为方面都不尽相同。然而,在对中等收入人群生活方式的欣赏,渴望私有产权受保护,关注全球金融和经济稳定,更欢迎以推进公共教育、环境生态、食品药品安全、政府问责制和透明度为重点的政策方面,中国中等收入人群与美国中产阶级是非常相似的。

过分强调双方分歧导致了"我们与他们"的二元化，加剧了不信任和对立。可以说，中美关系中的某些紧张和冲突是关注差异的结果。事实上，将关注点扩大到共同身份和双方的相似之处，将有助于人性化对方，有助于培养同理心和对共同利益的尊重。

2. 拥抱民间外交。中美关系太多的时候只是被视为国与国的关系，但它也是人与人之间的关系。重视民间外交可以克服对他国的单一认识。例如在教育交流方面，2020年疫情暴发之前，美国大学里的国际学生中34%（36万多人）来自中华人民共和国。在2021年5月正式开始受理学生签证申请之后的四个月里，美国领事馆向中国公民发放了大约8.5万份学生签证。[①] 中国学生继续有兴趣来美国就学，反映了中国中等收入人群的世界主义价值观以及经久不衰的两国教育文化交流遗产，哪怕是在面临巨大挑战之际。

3. 将注意力转移引向普通人，而不只是华尔街的商人。中美两国政府并不缺少可以探索经济合作的领域，但

[①] "Mission China Has Issued More Than 85,000 Student Visas Since May 2021," U.S. Embassy and Consulates in China, August 25, 2021, https://china.usembassy-china.org.cn/85000-student-visas-mission-china-has-issued-since-may-2021/.

在美国近年的公共话语中，人们倾向于认为与中国做生意主要是为了美国公司的利益，而不是为美国中产和劳工阶层的利益。因此，中美双方都有强大的同一动机，把注意力放在减少美国普通民众的焦虑，而不仅仅是华尔街上。

更具体地说，正如数十家美国商会所声称的，以及美国财政部长珍妮特·耶伦所主张的，华盛顿应当开始取消对中国进口商品征收的某些关税，因为它们损害了美国消费者和小企业的经济利益。至于拜登总统雄心勃勃的基础设施计划，如果只强调同中国的竞争，而忽视双边合作的巨大需求，那将是一个错误。与此同时，中国方面应该减少对美国输华农产品的监管壁垒。在技术方面，安全名义下的激烈竞争和限制可能会持续下去，但这不应妨碍为了两国中等收入群体的共同利益而去解决对垄断的合理担忧。

面对中美之间存在的误解和误判、导致互相不信任的突破点在中等收入人群。中美双方需要更多的同理心，要了解双方的共同立场、共同想法。竞争不可怕，怕的是无规则无序竞争。中国要更多的用事实表明，中国是开放的、是寻求基于国际规则的竞争。

4.培养稳定与和平的力量。中国哲学家孟子的名言"有恒产者有恒心"，表明特定社会中财产所有权与社会政治的稳定具有相关性。在当代，西方和中国的政治学者都探究过中等收入群体对战争与和平的影响。正如中国著名学者郑永年最近所言，中国与世界秩序的未来在很大程度上取决于中国中等收入人群的持续增长。[1] 在他看来，中等收入人群在任何国家往往都是和平的力量。

中等收入人群不想打仗。美国内政以前为什么这么稳定，就是因为有强大的中产阶级。美国为什么现在出现了问题，其中一个重要原因就是中产阶级萎缩。在国际上来讲如果中产阶级在增长，这是一个非常强大的地区稳定和世界和平的推动力。如果中美两国同时在推进中等收入人群发展，那么这似乎能成为良性互动基础而不是零和对抗的根源，更不是妖魔化对方。因为你可以知道双方都有合理要求，是同样的人，有共同点，都是要寻求一个中等收入人群的生活方式。这都是合理的。这可以帮助美国人了解到，中国的中等收入人群发展以及壮大对于美国来说不是威胁，而可能是有益的。

有趣的是，杰克·沙利文和萨勒曼·艾哈迈德2020年共同撰写的报告《让美国外交政策更好地为中产阶级服务》指出，冒着对抗风险对中国采取类似冷战的政策于美

---

[1] 郑永年，"中国善意和平崛起的三个基础。"国际网，2021年9月2日，http://comment.cfisnet.com/2021/0902/1323812.html。

国的公众利益没有好处。① 美国最近从阿富汗的仓促撤军被广泛解读为更大战略转变的一部分，其目的是要重新聚焦中国，但它的另一动机则是为了国内经济发展而重新配置资源，以照顾美国中产阶级的利益，这一点也不应被忽视。特朗普总统和拜登总统都利用重新定位于国内经济优先事项，来为他们推动结束阿富汗战争辩护。

---

① Ahmed and Others, *Making U.S. Foreign Policy Work Better for the Middle Class*.

第八章　中国千禧一代：驾驭数字时代社会经济的多元与差异 ●

第九章　华盛顿如何疏远了中国的年轻人 ●

第十章　特朗普鹰派团队作茧自缚的对华政策 ●

第四部分

<<< 青年与观念

第八章　中国千禧一代：驾驭数字时代社会经济的多元与差异[①]

很多关于中国千禧一代的文章，更多的是激发而不是满足我们的好奇心。如果不是所有，至少绝大部分评论员似乎都同意千禧一代——也就是那些出生在1980年代和1990年代中期之间的人——在中国历史上是独一无二的一代人。因为在他们成长的过程中中国经历了前所未有的经济、人口和技术的巨变。随着中国的千禧一代崭露头角、逐渐成为社会的中流砥柱，千禧一代不仅能够反映中国社会所经历的深刻变化，也将重塑国家的未来发展。

中国千禧一代的外国观察者经常强调，这一具有鲜明

---

① 本章选编于作者的英文文章"China's Millennials: Navigating Socioeconomic Diversity and Disparity in a Digital Era"，系为李春玲的英文著作 *China's Youth: Increasing Diversity amid Persistent Inequality*（《中国青年：多元与分化》）的长篇引言。（Washington DC.: Brookings Institution Press, 2021），部分内容还发表于《文化纵横》2022年4月刊。作者感谢李春玲、许又姜宇、陈源和王远航提供对本文的精心翻译、校对和其他帮助。

特征的庞大年轻人群体由"互联网原住民"所组成。[1] 根据2017年的数据显示，大约85%的抖音用户是24岁以下的年轻人。[2] 中国网民，尤其是网络千禧一代，不论是群体本身的增长速度还是数字化在他们的个人生活和工作中的渗透程度都非比寻常。在2019年，86%的中国人拥有宽带接入，而同期美国人的宽带拥有比率则为73%。[3] 迄今为止，中国所拥有的超过10亿互联网用户构成了全球最大的在线社区。中国的智能手机用户数量是美国的三倍多，移动支付用户数量是美国的11倍。[4] 中国年轻的网民群体相比于上一代中国人拥有了更方便、更快捷地了解世界、获取知识的途径与手段。他们倾向于通过调整和适应自己的生活方式、行为模式和思想观念，来跟上数字世界

---

[1] Tom Doctoroff, "China's Post 90s Generation: New Minds, Old World," Huffington Post, August 8, 11, 2016, www.huffingtonpost.com/tom-doctoroff/chinas-post-90s-generatio_b_7970884.html.

[2] Tian Shuang, "Qianxi yidai zhi jiazhiguan" [The values of millennials] Duowei Network, June 19, 2018, www.dwnews.com/ 中国 /60064799.

[3] Cheng Li and Ryan McElveen, "Will China's E-commerce Reshape a Reopening World?" *The Cairo Review of Global Affairs*, June 10, 2020, 4; and Pew Research Center, "Internet/Broadband Fact Sheet," June 12, 2019, www.pewresearch.org/internet/fact-sheet/internet-broadband/.

[4] Pew Research Center, "Internet/Broadband Fact Sheet"; and Yan Lin, "Zhongguo yuan chao meiguo de liang lei yonghu rang 00 hou huo chu butong" [Two types of digital users in China far surpassing the United States make the post-'00s' lives different], Duowei Network, August 18, 2018, www.dwnews.com/ 全球 /60078522. For the number of 2020, see Xinhua http://www.xinhuanet.com/english/2020-09/29/c_139407669.htm.

快速发展的步伐。总体而言，千禧一代不再将自己视为这个国家过去的派生物，而是国家未来的创造者。

在这场前所未有的数字革命中和瞬息万变的国内外环境下，中国的千禧一代以及目前二十岁左右的年轻人有什么足以区分他们和其他年长群体的特征？他们在人口构成、职业背景、政治社会化、群体行为、生活方式、价值观和世界观方面与中国前几代人有何不同？他们与世界其他地方的千禧一代又有何差异？如何评估中国千禧一代与中国政府关系的现状以及未来轨迹？造成中国千禧一代内在差异的因素或断层是什么？为了解答这些问题，我最近把中国社会科学院社会学学者李春玲教授所著的《中国青年：多元与分化》重新编辑成书，由布鲁金斯学会出版①，在此基础上，我对中国的千禧一代做了一些思考和总结。

关于中国千禧一代的核心问题

改革开放以来中国在社会经济和人口结构上的显著变化，引发了国内外围绕中国千禧一代的特点及其影响所开展的包括学术以及政治意义等多个角度的激烈讨论和辩

---

① Li Chunling, *China's Youth: Increasing Diversity amid Persistent Inequality* (Washington DC.: Brookings Institution Press, 2021).

论。千禧一代的代内差异、他们与中国政府的令人好奇的关系、该群体的焦虑和抱负，以及他们对中国在世界上所扮演的角色的看法，都是观察中国的研究者们最为关心的问题。

对群体的分析必须从群体本身的概念及其定义开始。"千禧一代"一词最早由西方学者威廉·施特劳斯（William Strauss）和尼尔·豪（Neil Howe）在20世纪80年代创建，指的是出生于20世纪80年代初至20世纪90年代中期之间的年龄群体。这群人之所以被称为千禧一代，是因为他们中年龄最大的那一批在公元2000年左右（即在第三个千禧年的开始）步入成年。[1] 一些美国有影响力的公共政策机构和智库，如联邦储备委员会（Federal Reserve Board）和布鲁金斯学会（the Brookings Institution），采用将出生年份在1981至1996之间为千禧一代的定义。[2] 在西方，大多数千禧一代的父母是婴儿潮一代（出生于1946年至1964年之间的年龄群体）。千禧一代最引人注目的特

---

[1] Neil Howe and William Strauss, *Generations: The History of America's Future, 1584 to 2069* (New York: William Morrow, 1991).

[2] Board of Governors of the Federal Reserve, "At the Fed, Consumers and Communities Matter." *Consumer & Community Context 1*, no. 1 (January 2019), 8; and William Gale, Hilary Gelfond, Jason Fichtner, and Benjamin H. Harris, "The Wealth of Generations, with Special Attention to the Millennials." (Washington, D.C.:, The Brookings Institution, May 28, 2020), www.brookings.edu/research/the-wealth-of-generations-with-special-attention-to-the-millennials/.

征就是他们在自身成长的经历中见证了快速的经济全球化和前所未有的通信革命——特别是考虑到国际产业价值链的影响以及互联网、移动设备和社交媒体的进步。

尽管中国对千禧一代的定义与西方相同，但在中国有更常用的术语——依照出生年代十年划分的年龄群体，如"80后"和"90后"。根据中国2000年的人口普查数据显示，这两个十年里出生的人口约为3.95亿——1980年至1989年间出生的人口为2.2亿、1990年至2000年间出生的人口为1.75亿。如果按照千禧一代的年龄划分（即在1981年至1996年之间出生），总人数约为3.5亿。[1] 这个数字超过了美国的总人口，是美国同年龄群体总数的四倍多。[2] 在2000年时，这一群体的年龄在4岁到19岁之间；而到了2020年，群体中年龄最小的那一批也已经24岁，最大的39岁（见图1）。根据波士顿咨询集团2015年的一项研究，千禧一代（当时19—34岁）占中国城市劳动力

---

[1] Xu Qianhui, "350 million millennials become the main consumer", Tripvivid, June 26, 2019, www.tripvivid.com/articles/21286.
[2] Liu Qiudi (Chiu-Ti Liu), "When American Millennials Meet the Chinese 'Strawberry Clan'", *Financial Times*, August 16, 2018, www.ftch.com/story/001079003?full=y&archive.

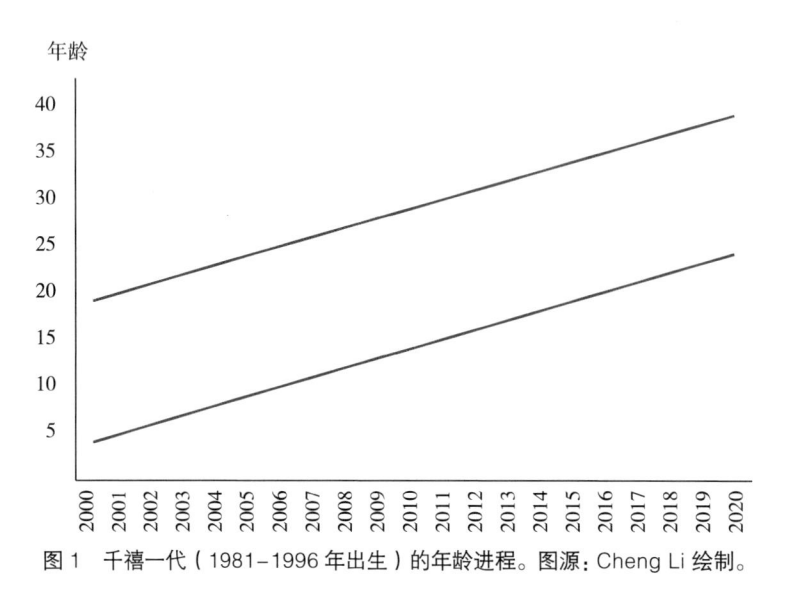

图 1　千禧一代（1981–1996 年出生）的年龄进程。图源：Cheng Li 绘制。

总数（15—70 岁）的 40%。[1]

中国千禧一代比中华人民共和国历史上的任何一代人都更多地接触外国文化和受到西方影响。这些影响已经通过如微信和抖音的社交媒体以及互联网的使用、国际旅行和海外学习等不同经历渗透到千禧一代生活中。举例来说，在中国现在所有护照持有人中千禧一代占了三分之二。[2] 然而，西方学者对于这一代人是否比中国前几代人有更少的民族主义，以及千禧一代对于国家和政府的看法

---

[1] Quoted from Fung Group Li & Fung Research Center (Hong Kong), "Liaojie Zhongguo xinxiaofei jiecing—qianxi yidai" [Understanding China's new consumer class: Millennials], *Zhongguo xiaofei zhe xilie* [Chinese Consumer Series], no. 1 (June 2017), 1, http://www.fbicgroup.com/sites/default/files/CCS_series01SC.pdf.

[2] Liu, "Dang Meiguo qianxi dai yushang Zhongguo 'Caomei zu.'"

是否更具批判性，有着截然不同的看法。①

毫无疑问，中国千禧一代已经在中国多个关键领域的发展中都发挥了重要作用。例如，深圳，作为中国改革开放的前沿城市，其人口在过去四十年中从30万飞速激增至1300万，但居民的平均年龄只有33岁，其中大部分为千禧一代。② 同时，千禧一代已经对中国旗舰企业的主要劳动力群体产生了重大影响：根据2017年的数据，腾讯、百度、华为和阿里巴巴员工的平均年龄分别为28.9岁、29.2岁、30.1岁和32.2岁；③ 2019年，中国第一架大型飞机C919的研究团队中400多名工程师的平均年龄为30岁；④ 在2020年春季新冠疫情期间协助湖北省的4.2万名医护人员中，绝大多数为"80后"，其中有1.2万人（占

---

① For overviews of the divergent assessments within the U.S. intellectual and policy communities, see Alastair Iain Johnston, "Is Chinese Nationalism Rising? Evidence from Beijing," *International Security* 41, no. 3 (Winter 2016/17):, 7-43; and Jessica Chen Weiss, "How Hawkish Is the Chinese Public? Another Look at 'Rising Nationalism' and Chinese Foreign Policy," *Journal of Contemporary China* 28, no. 119 (March 2019): 679-695.
② 陈康令，"特区40年：深圳奇迹见证年轻力量。"深圳发布，2020年9月21日，http://mp.weixin.qq.com/s/zlOIwLuSQf44JKSZqpyfRA。
③ Xi Jieying, "Xin Zhongguo 70 nian: Bu bian de qingnian zhihun" [70 years of the PRC: The soul of the unchanging youth], *Zhongguo qingnian bao* [China youth daily], August 12, 2019, 2。
④ 同上。

总人数的 29%）为"90 后"甚至"00 后"。①

是什么因素塑造了中国的千禧一代？

基于全面的经验证据，李春玲教授在其论著中阐述了这样一个中心主题：鉴于中国在千禧一代成长时期发生了前所未有的多层面变化，中国千禧一代"获得了前所未有的个人发展机会。同时，他们也面临着前所未有的挑战和新问题"。李春玲教授对千禧一代的研究主要解决两个核心问题：是什么因素塑造了这一代人？反过来，这一代人的共同特征——多样性和不平等——是否预示着当今中国的新轨迹和新张力？

中国的千禧一代是一系列非同寻常事件的产物。这些重大的外在因素可分为 5 个方面：（1）改革开放带来的国家经济奇迹和富裕社会；（2）中国历史上最大规模的高等教育扩张；（3）当代中国最大规模的国内移民；（4）独生子女政策的实行；（5）互联网和社交媒体的到来。

---

① 邱丽芳，"习近平回信勉励北京大学援鄂医疗队全体'90 后'党员让青春在党和人民最需要的地方绽放绚丽之花。"新华社，2020 年 3 月 16 日，www.xinhuanet.com/politics/leaders/2020-03/16/c_1125719112.htm。

1. 富裕社会

千禧一代是当代中国大多数成员生长并生活在一个富裕社会的第一代人。根据联合国规定的贫困线和生活水平，改革开放之前，中国大约88%的人口生活在贫困之中。① 四分之一世纪后的2013年，中国的贫困率降至其总人口的2%，约8亿中国人摆脱了贫困。② 与40年前相比，2019年中国GDP增长60倍，人均收入增长25倍。③

对许多中国千禧一代来说，尤其是那些生活在城市里的人来说，美国中产阶级的生活方式——包括私人财产、私人汽车、改善的医疗保健、金融资产积累，以及支付海外旅行和子女海外教育的能力，都已经不再难以获得。举例来说，2018年在全中国登记的私家车共有1.87亿辆，相当于每100户城镇家庭拥有40辆私家车。④ 在某种程度上，不论在生活方式还是在社会化方面，中国千禧一代都不再像他们自己的父母或祖父母，反而与其他发达工业国

---

① 李春玲，"改革开放的孩子们：中国新生代与中国发展新时代。"社会学研究，no. 3 (2019): 2-3。
② 同上。
③ Chas W. Freeman, Jr. "After the Trade War, a Real War with China?" Remarks to the St. Petersburg Conference on World Affairs, St. Petersburg, Florida, February 12, 2019, http://chasfreeman.net/after-the-trade-war-a-real-war-with-china/.
④ Wang Qian, "Woguo ji dongche baoyouliang da 3.25 yiliang [China's motor vehicle ownership has reached 325 million], Xinhua, December 1, 2018, http://www.xinhuanet.com/legal/2018-12/01/c_1123793884.htm.

家和后工业国家的同龄人更为相似。

不同的社会要求和不同的行为实践均表明,在价值体系方面,年轻人和他们的长辈有着明显的差异。就像李春玲教授所说,"这些多层面、多方面的变化花了西方社会100年才完成,但这些变化在中国被压缩到了30年。代际转换的时间被显著压缩,每代人之间的价值观差异也随之显著增大"。随着千禧一代逐渐走向中国社会政治和经济生活的舞台中心,这一因素也会影响他们代表国家与外部世界打交道的方式。

2. 扩大高等教育

在中国千禧一代的成长过程中,中国的高等教育体系有一个显著的改变:从精英教育转向了大众教育。因此,千禧一代接受大学教育的机会急剧增加,他们成了中国高等教育这一历史发展的最大受益者。1999年,北京开始实施大学扩招的国家政策,开始了被称为"高等教育大众化"的浪潮。在这一政策得以实施之前,中国大学的总入学率仅为6%。[1]在过去的二十年里,随着高等教育扩展,大学的毛入学率以惊人的速度增长。截至2016年,大学的总入学率达到了48%。同时,在中国始于1978年改革

---

[1] 李春玲,"改革开放的孩子们。"

开放初期，自 2000 年以来急剧加速的海外留学潮中，千禧一代也占有很大的比例。从 1978 年到 2019 年，共有 660 万中国公民在国外学习。①

图 2 分别概述了从 1978 年至 2018 年间中国学生和学者每年出国留学和归国的人数。可以很明显地看到人数自 2000 年以来的指数增长。以上海为例，2009 年，上海大约 64% 的海归拥有硕士或以上学位，而 73% 的海归年龄在 21 岁至 30 岁之间。近几年，中国留学生的总体年龄变得更加年轻。2013 年，在美就读高中的中国学生超过 3 万人，占在美国外国高中生总数的 46%。②

虽然大学扩招为中国千禧一代的高等教育打开了大门，但也加剧了毕业生找工作的竞争。千禧一代完成大学教育后开始从事职业的时期，正是国家不再保证就业，开始退出提供保险、医疗和住房的时期。大学毕业生开始面

---

① Cheng Li, ed., *Bridging Minds across the Pacific: U.S.-China Educational Exchanges 1978-2003*, (Lanham, MD: Maryland: Lexington Books, 2005), 69-110; and Cheng Li, *Middle Class Shanghai: Reshaping U.S.-China Engagement* (Washington, D.C.: Brookings Institution Press, 2021).

② 元青和岳婷婷，"新时期中国留美教育的发展历程和趋势。"当代中国史研究，2015 年 1 月 7 日，http://hprc.cssn.cn/gsyj/whs/jys/201505/t20150506_4111942.html。

Yuan Qing and Yue Tingting, "Xin shiqi Zhongguo liumei jiaoyu de fazhan licheng he qushi" [The development history and trends of Chinese foreign students studying in the United States in the new era], *Zhongguo shehui kexue wang* [Chinese social science net], May 6, 2015, http://hprc.cssn.cn/gsyj/whs/jys/201505/t20150506_4111942.html.

临市场竞争。过去 20 年，16 岁至 33 岁年轻人的总体就业率有所下降：从 2000 年的 76% 逐年下降，到 2005 年降至 71%，2011 年降至 66%，于 2013 年降至 63%。[①] 劳动力市场的激烈竞争导致了更大的就业压力，尤其是农村毕业生和二三线院校毕业生。

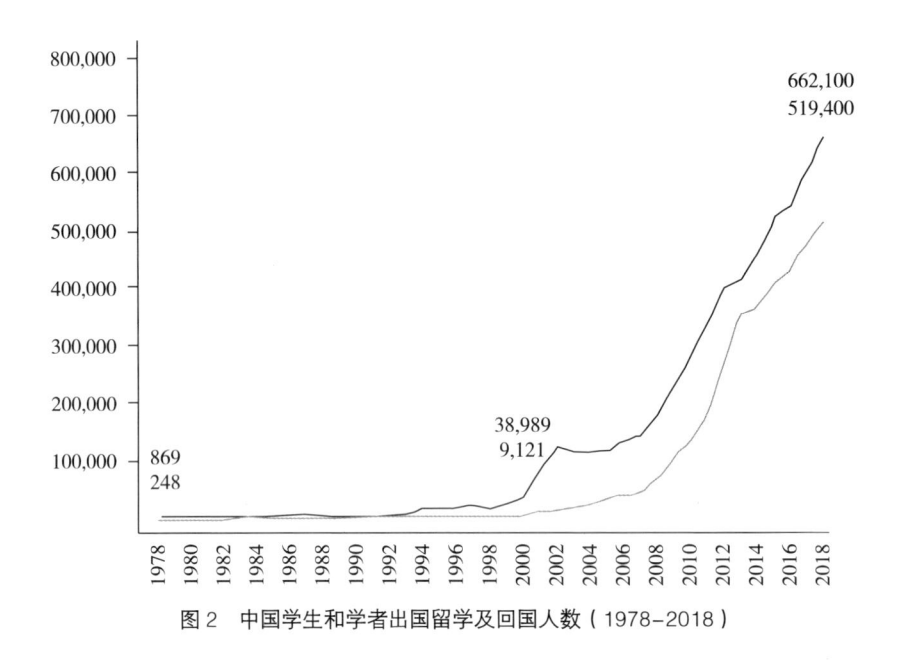

图 2　中国学生和学者出国留学及回国人数（1978–2018）

3. 农村—城市移民

改革开放以来，中国史无前例的大规模从农村到城市的国内移民影响到了中国的千禧一代。当然，这一移民潮对这一代人的影响与对前几代人的影响大不相同。1978 年

---

① Wang Wenzhan, "Zhong'e qingnian yanjiu" [Chinese-Russian youth studies], *Longbao* [Dragon news], December 31, 2014, 2.

改革开放以前，中国的城市化率只有17.8%；而2010年，这一比例上升到50%。①这一变化表明了中国最大的城乡人口流动发生在上一代农民工及其家庭中，包括千禧一代。到2018年，城镇化率达到58.7%，城镇常住人口在这40年中从1.7亿呈指数增长到8.1亿。②

所谓"流动人口"，包括进城务工或城镇移民及其家庭，数量从1982年的657万人增长到2015年的最高点2.47亿人——相当于全中国人口的六分之一都在流动。③这些进城务工人员和移民中有很大一部分是年轻人。在2010年的2.21亿流动人口中，16岁至30岁的年轻人约1.4亿人，④其中"80后"占35.5%，"90后"占24.3%，"00后"占19.3%，20.9%的人是"10后"。⑤

与老一代农民工（"50后"、"60后"和"70后"）相比，千禧一代的农民工受教育程度更高，对歧视更敏感，对自己的权利保护意识更强。然而，中国学者对"户籍制度的限制

---

① China Statistic Bureau, *Zhongguo tongji nianjian 2019* [China statistical yearbook 2019] (Beijing: Zhongguo tongji chubanshe, 2020).
② 林小昭，"中国城市40年巨变：城镇人口增长近4倍，城镇化率提升两倍多。"第一财经，2018年6月19日，www.yicai.com/news/5432902.html。
③ 李春玲，"改革开放的孩子们。"第7页。
④ Deng Xiquan, "Xin Zhongguo 70 nian qingnian fazhan de juda jinbu yu weilai zhanwang" [The great progress of and future prospects for youth development in the 70 years of the PRC], *Sixiang jiaoyu yanjiu* [Ideological education research], no. 10 (2019): 39.
⑤ 李春玲，"改革开放的孩子们。"第7页。

弱化后，城乡不平等已经改变"的观点有不同的看法。包括李春玲教授在内的许多学者，认为在老一辈中普遍存在的城乡不平等已经传给了年轻一代。他们认为大多数城乡不平等通过代际传递已经固化为经济社会阶层不平等。

4. 独生子女家庭的影响

中国千禧一代大多来自一个独特的、庞大的人口群体——独生子女家庭。1979年，中国政府实行计划生育政策，要求夫妻只能生育一个孩子。在80年代出生的孩子中大约20%没有兄弟姐妹；[①] 而在80年代和90年代这二十年里，有27.5%的孩子面临同样的情况。在这20年中，独生子女的总数约为1.2亿人。[②]

然而，这些独生子女有着集中居住在城市地区的特点。独生子女在城市儿童中的比例要显著高于农村：城市独生子女在20世纪80年代城市孩子中约占一半，在90年代城市孩子中占近四分之三；而在农村地区，20世纪80年代农村儿童只有大约十分之一是独生子女，而这一比例在90年代仍然很低。尽管农村地区的"80后"和"90

[①] According to Chinese official sources, however, only children accounted for 26.4 percent of all children born in the 1980s and 1990s. See China Statistic Bureau, Zhongguo tongji nianjian 2019.

[②] 同上。

后"的大多数并非独生子女，但是出生率的下降还是在中国的全国范围内扩散。在"80后"和"90后"的人群中，来自独生子女家庭和只有一个兄弟姐妹的二胎家庭的合计比例分别达到61%和82%。①

独生子女现象不仅影响着新生代个体的身体和心理素质，同时也从个人和家庭的层面影响渗透到社会的各个方面。家庭小型化和出生率下降的趋势改变了中国传统家庭的代际关系和养育子女的方式。

5. 数字原住民

数字革命改变了中国几代人的生活。但正如李春玲强调指出的，互联网已经"融入年轻人生活的方方面面"，并在千禧一代的特征中得到了体现。这部分是由于数字应用在中国年轻人中的高度普及。2018年，"80后"和"90后"占了全中国7.1亿网民的绝大部分，其中90%以上网民使用手机。② 腾讯公司于2011年推出的微信——中国最

---

① 李春玲，"改革开放的孩子们。"第3页。
② Bao Leiping, "Shendu xiandaihua: 80 hou 90 hou qunti de jiazhi chongtu yu rentong" [Deep Modernization: Value Conflict and Identity of Post-'80s and Post-'90s Groups], *Zhongguo qingnian yanjiu* [Chinese youth studies], no. 8 (August 2019): 49.

大的社交软件，在2017年的月活跃用户数约为9.38亿。[1]该研究显示，城市年轻的专业人士对微信的使用率几乎高达100%、在城市内的用户都是20多岁或者三十出头的年轻人。[2]

尽管中国互联网用户的数量在过去20年里飞速增长，但许多生活在农村地区的中国人仍然无法上网，10年前中国64.5%的互联网普及率远远落后于美国的89.8%。为了解决这一数字鸿沟，2015年，中国国务院承诺在2020年前投资220亿美元，将宽带覆盖范围扩大到农村地区。随着宽带技术的进步，中国迅速扩展5G网络基础设施、云计算、人工智能（AI）和区块链技术，所有这些都将有助于发展中国的电子商务产业，也有助于在线工作、远程学习、远程医疗、车载网络和智能城市技术的应用程序。中国城市和农村的年轻人是网络发展的主要参与者和获益者。[3]

网络广播作为一种集网络、新闻评论、游戏、体育、

---

[1] Hua Pang, "WeChat Use is Significantly Correlated With College Students' Quality of Friendships But Not With Perceived Well-being." Heliyon, vol. 4, no. 11 (November 2018), www.sciencedirect.com/science/article/pii/S2405844018308648.
[2] Li Chunling, *China's Youth,* Chapter 13.
[3] 李成和麦瑞安，"中国的电子商务产业会重塑一个重新开放的世界吗？"布鲁金斯学院网站，2020年夏季，https://www.brookings.edu/zh-cn/articles/中国的电子商务产业会重塑一个重新开放的世界吗/。

影视、演艺广播等多种媒体于一体的新媒体，在中国青少年中尤为流行。三年里，中国网络广播媒体的观众总数从2017年6月的3.43亿增长到2020年6月的5.62亿。[1] 根据中国学者的一项研究，78%的网络主播来自"90后"，而观看直播的观众中也有80%是"90后"。[2]

数字原住民对中国的社会结构、社会空间以及社会关系进行了根本性的改变。这一发展"极大地重塑了传统上基于血缘和地缘的中国社会关系"。[3] 就中国悠久历史中的社会结构而言，诸如五四运动等20世纪中思想较为活跃的时期里，年轻人通常都是"被更成熟的声音所引导"。[4] 今日当下，年轻人是"自己的旗手"和社会转型的动力。而今更多的时候往往是"80后"和"90后"在引导他们的父辈和祖辈进入数字时代。

数字革命所带来的社会空间的改变也影响深远。在互联网出现之前，中国一直有两个舆论场：官方舆论场和民

---

[1] Lian Si, "90 hou de jiti jiyi he shidai biaoqian: Beijing wangluo zhubo qunti diaocha baogao" [Collective Memory and Times Labels of the Post-'90s: Beijing Internet Anchor Group Survey Report] *Zhongguo qingnian yanjiu* [Chinese youth studies], no. 4 (April 2018): 47, and the China Internet Network Information Center, "CNNIC第46次调查报告：网络直播。" 2020年9月29日，http://finance.sina.com.cn/tech/2020-09-29/doc-iivhuipp6953265.shtml.

[2] Lian, "90 hou de jiti jiyi he shidai biaoqian."

[3] Li Chunling, *China's Youth,* Chapter 13.

[4] Li Chunling, *China's Youth,* Chapter 13.

间舆论场。官方舆论场无处不在，并占据了中国舆论的主导地位。[1] 随着传统媒体被互联网及前文所述的网络直播与应用的颠覆，中国的舆论场的扩展正在加速。这在社会许多方面都显示出了重要性。年轻人的公共生活和社会交往的中心已经从过去系统内的大型公共空间（比如广场、公园和礼堂）转移到以某个主题为中心的、小型的、私人的空间中，甚至可以是完完全全存在于想象中的虚拟空间中。

然而，虚拟世界中的激烈讨论可以塑造社会中公共话语，有些问题由此被放大或忽略了。正如一些中国学者所指出的，一线城市的白领工作者对于清洁空气的需求比三四线城市的蓝领工作者更大，同时因为前者在很大程度上控制了舆论的虚拟空间，他们对国家政策可以并已经产生的影响要比后者大得多。[2] 同时，虚拟空间中所共享的社会认同和群体情绪也可能成为网络煽动群体性事件的一个导火索或驱动力。[3]

---

[1] Lian Si, "Da biange shidai Zhongguo qingnian de fa zhan qushi" [Development Trends of Chinese Youth in the Era of Great Transformation], *Zhongguo qingnian bao* [China youth daily], May 8, 2017, p.: 7.

[2] Ibid.

[3] Li Chunling, "Shehui bianqian yu Zhongguo qingnian wenti: Zhongguo qingnian shehui xue de guanzhu dian ji yanjiu quxiang" [Social Changes and Chinese Youth Issues: The Focus and Research Orientation of Chinese Youth Sociology], *Qingnian tansuo* [Youth exploration], no. 214 (February 2018): 5-16.

年轻人的多样性与不平等将如何塑造中国的未来？

李春玲专著的副标题"多元与分化"或"增长的多样性和持续的不平等"，即简明扼要地突出她研究中国千禧一代的主题。不论在与前几代人比较还是在千禧一代群体内部差异对比，年轻人的多样性都在持续增长，且这种差异性和多样性在包括消费、生活方式、对性和婚姻的态度、社会容忍、政治行为、国家认同和世界观的各个领域都十分显著。

1. 社会经济行为和生活方式日益多元化

千禧一代引领了过去二十年里中国社会从保守消费到超前消费的转变。最近，"90后"和"00后"越来越多的在日常购买中使用借贷和分期付款，在过去的二十年中，中国成了单身独居人口增长最快的国家之一；[1] 同时，中国第一次结婚的平均年龄比过去推迟了5年左右，使中国的

---

[1] Li Chunling, "Zhongguo 'shehui dai' yinling jiazhiguan daiji gengdie" [China's "social generation" leads the intergenerational change in values], *Beijing ribao* [Beijing Daily], September 2, 2019, 14.

人口结构越来越接近如日本和北欧的发达经济体。①

根据一项 2018 年的中国学者的研究，有 2000 万处于适婚年龄的年轻人移居到一线城市工作和生活（单身且独居）。②正如一篇中国广为流传的文章所描述的，对于中国许多的年轻人，尤其是"90 后"来说，关于性、婚姻和爱情的概念和行为已经变得"更加开放、快速、直接和务实"。③很多人选择晚婚甚至不婚；对一些人来说，性别差异甚至也变得不那么重要了，中国传统的婚恋观正在被颠覆。

中国年轻人对于不同生活方式和性取向的社会容忍度和接受度日益提高。根据联合国开发计划署于 2016 年的一篇报告，北京大学的社会学教授吴利娟做了一项调查研究，结果显示在"90 后"的受访者中，只有不到 9% 的受访者表示会拒绝接受是同性恋的孩子。④ 相比之下，持相

---

① Zhao Kaikai and Yu Fengjie, "'Kongchao qingnian' yanjiu huigu yu qianzhan: Jieduan yu tezheng, gongshi yu fenqi, zhongdian yu nandian" ["Empty-nest youth" research: stages and characteristics, consensus and disagreements, key points and difficulties], *Lilun yuekan* [Theoretical Studies Monthly], no. 11 (November 2018): 154.

② 同上。

③ Zhen Yan, "Zhengyi Zhongguo 'qianxi yidai': Tequan shidai ruhe dianfu shijie" [Controversy over China's "millennials": How the privileged generations disrupt the world], Duowei Network, June 16, 2018, https://www.dwnews.com/ 中国 /60064777.

④ Wu Lijuan et al., *Being LGBTI in China—a National Survey on Social Attitudes towards Sexual Orientation, Gender Identity and Gender Expression* (New York: United Nations Development Programme Publication, 2016), 19.

同观点的受访者，在"80后"、"70后"和"60后"的样本中的比例分别为13%、28%和35%。"90后"的群体中，对同性恋和非二元性别个体的歧视持反对态度的受访者比例要远高于其他年龄群体。①

中国年轻人在运用社交媒体来支持性少数群体、拓宽公共话语的范围，并有效地与政府协商与交涉。② 2018年春天，在LGBTQ相关内容在中国最受欢迎的社交媒体平台微博上被删除和屏蔽后，大量中国网民自发地团结起来共同反对微博管理层。他们谴责微博的审查是一种对同性恋群体的再度边缘化，微博的这个行为违背了1997年修订的中华人民共和国刑法中关于同性恋合法化的规定。最终，微博恢复了被删除的内容。③

2. 政治热情和爱国主义的增长：促成因素

中国年轻人日益多元化的一个主要角度反映在他们

---

① Wu Lijuan et al., *Being LGBTI in China—a National Survey on Social Attitudes towards Sexual Orientation, Gender Identity and Gender Expression* (New York: United Nations Development Programme Publication, 2016), 19.

② Yifan Yang, "Bargaining with the State: The Empowerment of Chinese Sexual Minorities/LGBT in the Social Media Era." *Journal of Contemporary China* 28, no. 118 (2019): 662–667.

③ Cheng Li and Diana Liang, "Protest Meets Party Control: Renegotiating Social Norms Online in Present-Day China." *China Brief* 18, no. 15 (September 19, 2018), https://jamestown.org/program/protest-meets-party-control-renegotiating-social-norms-online-in-present-day-china.

的民族主义情绪、对西方价值观的态度以及对美国的看法等的不同上面。近两年，中国、美国和世界各地发生的一系列重大事件，特别是美中关系的急剧恶化，促成了中国年轻人观念的变化和进一步分歧。这些事件包括中美贸易战、中美外交局势的紧张，以及因为美国施压华为包括其首席执行官的女儿在加拿大被捕；也包括之后新冠疫情的暴发及其在中美两国的严峻形势（尽管不是同时发生）、"黑人的命也是命"的非洲裔平权运动、特朗普政府对中国留学生的限制和对华裔科学家及学者的种族歧视，和特朗普总统在2020年美国大选中对民主进程的蔑视。

2020年春季，在中国社会科学院对17000名大学生进行的全国性调查中，李春玲教授和她的同事们注意到，最近的这些事件推动了中国大学生对于社会政治问题和国际事务的热情上涨，并达到了前所未有的历史最高点。[1] 相对而言，在"80后"和"90后"中经常在互联网上浏览新闻和政治问题的比例，于近些年显著增加。[2]

---

[1] Li Chunling, "Woguo daxuesheng zhengzhi jiazhiguan bianhua xin dongxiang" [New changes of political values of college students in China], (a working paper, Institution Beijing: Chinese Academy of Social Sciences, 2020).

[2] Li Chunling, "Zhongguo shehui fenceng yu liudong yanjiu 70 nian" [70 Years of research on social stratification and mobility in China], *Shehui xue yanjiu* [Sociological Research], no. 6 (2019): 8.

这些发现与西方一些关于中国青年民族主义日益高涨的研究相吻合。正如康奈尔大学的政治学家白洁曦（Jessica Chen Weiss）最近所观察到的，中国民众普遍认为美国在东亚的军事存在和侦察威胁着中国主权，大众普遍支持出兵收复在东海和南海的争议岛屿。用她的话来说，"年轻的中国人虽然在身份上也许没有更多的民族主义者，但在外交政策信仰上可能比老一辈人更加鹰派。"[①]

尽管"90后"和"00后"的中国年轻人经受着全球化和多元文化浪潮的影响，但是他们在充满爱国主义的教育氛围中成长。在最近的一个调查中，当问及"你为自己是中国人感到自豪吗？"，只有0.8%和0.3%的人选择了"不自豪"和"一点也不自豪"。[②]他们的国家认同感和民族自豪感比前几代人要强烈的多。其中绝大部分学生都表示，他们最自豪的是中国一直以来"悠久的历史"和"灿烂的文化、艺术"，其次是最近的"经济成就"和"科技成就"。[③]

毫不奇怪，美国共和党参议员玛莎·布莱克（Marsha Blackburn）本在2020年12月的推特上宣称"在欺骗和偷

[①] Ibid., 679.
[②] Li, "Zhongguo 'shehui dai' yinling jiazhiguan daiji gengdie."
[③] Ibid.

窃上，中国有 5000 年的历史。有些事情永远不会改变"①，此举激起了中国人强烈的反美情绪。在最近这些事件发生之前，在中国最顶尖大学中就读的大学生中爱国情绪高涨的同时，他们的排外心理也在抬头。中国社会科学院在 2020 年春季进行的调查显示，34% 的大学生表示"不支持给予一些外国人永久居留权"，另有 27% 的大学生表示"在中国的外国人太多，应该减少他们的人数"。②

中国青年研究中心学者邓希泉在 2018 年进行的调查也显示，90% 的"90 后"群体对西方强加给中国的"偏见"表示不满，70% 的人同意"西方国家总是用双重标准来指责中国"，同时近 80% 的人认为"中国可以在不实施西方制度的情况下变得更好。"同年，《纽约时报》报道了另一项对 10000 名出生于 2000 年及那年之后的年轻人进行的调查，结果显示 80% 的人认为"中国要么正处于历史上最好的时期，要么正日益成为一个更好的国家。"③

---

① Sarah Polus, "GOP Senator Gets into Nasty Twitter Spat with Chinese Journalist." *The Hill*, December 3, 2020, http://thehill.com/briefingroom-blog-roll/528670-gop-senator-gets-into-nasty-twitter-spat-with-ch-journalist; and Wen Shan and Li Yu, "Zhongguo guan mei 'cukou' jizhe yu meiguo yiyuan de ma zhan" [The swearing war between the Chinese official media reporter and U.S. senator], Deutsche Welle Chinese website, http://p.dw.com/p/3mFLo, December 4, 2020.

② Li, "Woguo daxuesheng zhengzhi jiazhiguan bianhua xin dongxiang."

③ Li Yuan, "A Generation Grows Up in China without Google, Facebook or Twitter." *The New York Times*, August 6, 2018.

所有这些调查都表明，中国的年轻人不同于"60后"和"70后"，对待西方的态度也不像他们几年前那么积极正面。对于中国大陆千禧一代的观察也不同于包括港台地区和其他国家的千禧一代的观点和态度的分析——其他地区的千禧一代对自己所在社会的未来要悲观得多。

3. 美国留学的中国学生：对美国民主的批评与思考

一篇由美国留学归国者于2020年11月写的一篇文章在中国社交媒体上广为流传，由此引发的网络热议和争论，揭示了当下中国"90后"和"00后"两代人在价值观和态度上的严重分歧和冲突。[1] 作者栾奕是一位年轻的"90后"女性，在纽约居住6年——包括在纽约大学读了两年研究生，于2020年9月回到中国。栾奕在《中国日报》发表的这篇长文中，说她带着她的"美国梦"来到美国，相信"美国价值观"——用她的话说就是"倡导科学、人人平等、民主和法治、自由和多样性"。

但是，她认为，近期发生的各种事件——很多美国人处理疫情的方式（例如，坚决不戴口罩）；美国政府公然

---

[1] Luan Yi, "Wo weishenme likai Meiguo?" [Why did I leave the United States?], *China Daily* Chinese and English bilingual online, November 11, 2020, http://wemp.app/posts/f5b8f58b-3c75-416f-906b-42203258de68.

制裁华为、抖音和微信；以及特朗普总统诬称新冠病毒为"中国病毒"对中国连珠炮式的指责和公然的种族主义言论，均打破了她对美国之前的看法。促使她决定回国的最关键的导火索是"黑人的命也是命"的社会运动。按她的观点，这场运动正在导致"社会混乱"和"逆向歧视"，损害亚裔的利益。她的结论是在可见的未来中国将可能全面超越美国。

不出所料，栾奕反美的民族主义观点以及对美负面评论在中国的官方媒体上也得到了很多类似的评论。许多年轻的网民也表达了他们对于美国深深的失望——过去四十年里，美国被认为是"自由民主的灯塔"或"灯塔国"。一位在美国学习的"90后"学生解释道，在很大程度上，栾奕的海外学习经历与前几代在中国经济仍十分落后时期的留学人员相比，有很大的不同。当今中国的年轻专业人士不再像2013年拍摄的电影《中国合伙人》中的人物那样仰慕着美国。[①] 从更广泛的角度来看，正如最近英国一项全球调查得出的结果，人们甚至认为"全世界的千禧一

[①] Elizabeth Kerr, "American Dreams in China: Film Review." *Hollywood Reporter*, May 17, 2013, www.hollywoodreporter.com/review/american-dreams-china-film-review-524792; and Tom Doctoroff, "China's Post '90s Generation: New Minds, Old World." *Huffington Post*, August 11, 2016, www.huffpost.com/entry/chinas-post-90s-generatio_b_7970884.

代都对民主感到了失望"。①

然而，更有趣的是，她的文章在中国社交媒体上激起了一股年轻人对她观点的反对和批评的巨大浪潮，批评她的声音中包括了很多已经在美国完成或者正在美国完成学业的年轻人。大多数中国年轻网民意识到栾奕的一些担忧是合理的。但是，很多中国年轻人跟栾奕的看法有极大的分歧。他们对她的文章存有广泛的保留意见与批评。② 首先他们不赞成她对美国一成不变且功利主义的观点。在这些中国年轻人看来，栾奕的看法暴露了她对美国的认识十分有限，尤其是在新冠疫情的独特环境下，她对美国历史和文化的肤浅认识，特别是关于黑人平权运动以及她对中国极端民族主义的歌颂。这些讨论主要反映了在美国留学的中国留学生和归国人员的观点对比。可以看到，当今中国年轻人在政治观点和社会经济价值观上的思想差异越来越大并将持续扩大。全面深

---

① "Yingguo diaocha cheng 'quanqiu qianxi yidai dui minzhu shiwang' beihou yuanyin hezai" [The British survey says "the global millennials are disappointed in democracy." What is the reason behind this], BBC Chinese website, October 20, 2020, www.bbc.com/zhongwen/simp/world-54617857.

② Cheng Li is grateful to a dozen current and previous interns at the Brookings John L. Thornton China Center for their assistance on representing these reservations and criticisms. For more information, see Cheng Li's introductory chapter for Li, *China's Youth*.

刻了解这个国家的年轻人，对于预测这个国家的发展轨迹至关重要。中国的年轻一代的影响力毫无疑问已经超越了中国的边界。

第九章　华盛顿如何疏远了中国的年轻人[①]

最近，中国的社交媒体中流传着这样一个笑话：一个来自中国的大学生对他的美国同学说："我想在美国学习宣传。"美国学生回答说："在美国没有宣传这回事。"中国学生笑着说："这正是我想要学的。"

这个笑话反映了中国年轻人对美国国内治理和外交政策越来越多的嘲讽、批评和失望。在过去两年里，中美关系的急剧恶化加剧了猜疑、恐惧和敌意。太平洋两岸的社会中都推波助澜了相互指责的论调。

民族主义和反美情绪在年轻的中国人中尤其明显，包括那些曾经或正在美国学习的人。正如康奈尔大学的政治

[①] 本章最初见作者的英文文章 "How Washington Alienates Young Chinese"（"华盛顿如何疏远了中国的年轻人"），*China-U.S. Focus*（《中美聚焦》），2021年11月23日，以及布鲁金斯学会网站的相同专题文章。作者感谢《中美聚焦》和复旦中美友好互信合作计划的翻译帮助。

学教授白洁曦（Jessica Chen Weiss）最近观察到的那样，今天的中国年轻人"在外交和政策上比上一代人更加鹰派"。①

"90后"中国人对美态度的转变

城市中的"90后"，尤其是还有那些现在十几岁和二十岁出头的中国年轻人，是在一个富裕的社会中成长起来的。可以说，相较于他们的父母和祖父母，中国城市青年在生活方式、接受高等教育（包括出国留学的机会）和适应数字时代的社会化方面，与先进工业国家和后工业国家的同龄人更加相似。

正如中国著名的青年学研究学者，英文新书《中国青年：持续不平等环境中不断增长的多样性》（China's Youth: Increasing Diversity Amid Persistent Inequality）的作者李春玲所言：中国的年轻人与"60后"和"70后"不同，在邓小平改革开放时代成长起来的中国年轻人眼中，美国是"自由民主的灯塔"和"山巅上的闪耀之城"。② 这

---

① Jessica Chen Weiss, "How Hawkish Is the Chinese Public? Another Look at 'Rising Nationalism' and Chinese Foreign Policy." *Journal of Contemporary China*, Issue 119, Vol. 28, 2019, pp. 679-695.

② Li Chunling, *China's Youth Increasing Diversity amid Persistent Inequality* (Washington DC.: Brookings Institution Press, 2021).

种情绪在 20 世纪八九十年代有所体现。

2018 年，李春玲研究设计了"国家认同感测量表"，并用该量表测量了 1 万多名中国受访者的国家认同强度。调查数据显示：年龄越轻认同感越弱，受过高等教育的"90 后"的国家认同感弱化更为明显。2017 年，另一项对全国 157 所学校中的 1 万名"95 后"大学生进行了抽样调查，发现大多数学生缺乏加入中国共产党的动机和热情。

至于中国年轻人对美国的态度，2018 年之前对中国公众进行的许多其他民意调查也显示，尽管爱恨交加或矛盾的态度并不少见，中国民众普遍对美国有非常好的看法。我在过去十年里对上海受过外国教育的海归进行的调查研究表明，当时他们中大多数人对美国持有好感（2009 年为 90%，2014 年为 92%）。[①] 我的研究还表明，与在其他国家和地区学习的海归相比，从美国留学回来的人对美国的好感度最高。

中国千禧一代和更年轻的一代对西方文化的了解程度之深，在中国历史上是前所未有的，他们对西方文化有自己的判断。西方在教育、电影、体育等很多方面对他们影响非常大。然而，在美国话语体系中，一说到中国青年，

---

① Cheng Li, *Middle Class Shanghai: Reshaping U.S.-China Engagement* (Washington DC.: Brookings Institution Press, 2021).

就被描述为"被洗脑的民族主义者",这种偏见与现实相差十万八千里。

近年来,中国年轻人的世界观,包括他们对美国的态度,已经发生了深刻的变化。这里有中国青年代际的不同。就中国留学生而言,改革开放后第一代赴美留学生在美国就学的时候,世界还处于冷战时期,中国的改革开放也才刚刚开始。1984 年,里根总统在复旦大学发表演讲。我 1985 年来美国留学,当时中国赴美的留学生还是非常少的。初到美国,我就感受到巨大的反差。记得当时我从旧金山机场一出来,就看傻眼了,美国的高速公路四通八达,而 20 世纪 80 年代中叶中国还没有一条高速公路呢!我当时随身只带了三十多美元,作为改革开放后的第一代留学生,大多数人也就只有这么点钱。

到了 1990 年代至 2000 年,第二代留学生纷纷出国深造,那已经是中国改革开放和全球化迅速发展的时期。在奥巴马执政时期,中美教育交流达到了顶峰。那时候赴美学习的第三代中国留学生是平视西方的,由于中国的经济变得强大和中等收入人群的崛起,他们对自己和国家充满信心和希望,但也难免出现了一些傲慢与偏见,我对此也曾有过担心。但我的研究表明,在海外的中国留学生非常多元,他们就读不同的专业,有不同的家庭背景,有各种理念和价值观。因而，对他们做简单化的评论是不公平的。我当年留学的经历和他们对比所形成的反差，让我更想去了解这一代中国青年。

华盛顿的鹰派立场对中国人的影响

从华盛顿的角度来看，美国的国家安全和知识产权应该得到有力的保护。然而，美国决策者的鹰派政策和言论，对中国公众，特别是留美中国学生和学者产生了强烈的负面影响。

华盛顿鹰派决策者的以下行为，推动了近日在中国青年中出现的反美情绪浪潮：

● 声称中国政府正将大量留美中国学生"武器化"，由于学生们在国内的家人受到中国政府的恐吓，他们中的许多人正在充当间谍或窃取先进技术。[1]

● 针对中国和美籍华人科学家，美国司法部首次制定了一项针对一个特定国家和族裔群体的行动计划——"中国行动计划"，并在其中使用了"学术间谍"这个新的、

---

[1] "Global China: Assessing China's growing role in the world." Brookings Institution Public Event. May 9, 2019, https://www.brookings.edu/events/global-china-assessing-chinas-growing-role-in-the-world/.

有争议的术语。① 什么叫学术间谍？学术应该是公开的，不存在间谍。但是这个词汇居然用上了。你可以说科技间谍，可以说是违反知识产权，可以说在情报方面的间谍。但学术的定义就应该是公开的，谁都可以享受的。

● 使用"中国病毒"和"Kung Flu"这样的侮辱性词汇，引发并加剧了恐华症。反亚裔仇恨犯罪数字飙升。

● 特朗普执政后期还要限制中共党员及其家属访问美国。中共党员有9000万，加上家属近3亿人。你怎么禁止？那就是全面不让从中国来的人进入美国，因为你实际上无法知道谁是共产党家属。

● 侮辱中国文化传统。例如，共和党参议员玛莎·布莱克本（Marsha Blackburn）在2020年12月的一条推文中出言："中国有5000年的欺骗和偷窃的历史。有些事情永远不会改变。"② 这样的话出自美国的政治领导人口中令人惊讶。当然少数人这样说。但是你可以想象中国的民族情绪将会有多么强烈的反应。

在这些最近发生的不幸事件之前，爱国主义已经在中

---

① Margaret K. Lewis, "Criminalizing China." The Journal of Criminal Law and Criminology, No. 145, 2020, https://scholarlycommons.law.northwestern.edu/jclc/vol111/iss1/3/.

② Sarah Polus, "GOP senator gets into nasty Twitter spat with Chinese journalist." The Hill, December 3, 2020, https://thehill.com/briefingroom-blog-roll/528670-gop-senator-gets-into-nasty-twitter-spat-with-chinese-journalist/.

国青年中升温。2018年的一项调查发现，90%的"90后"对西方人对中国的"偏见"表示不满。同年，另一项针对10000名"00后"的调查发现，80%的受访者认为，"中国处于历史上最好的时代，每天都在进步"。①

美国青年对华好感度比老一辈更高

值得注意的是在太平洋的彼岸，美国年轻人看中国与较大年龄的美国人有代际区别。②美国的一些民调机构，包括我本人在过去15年中开展了多次民调。③结果显示，29岁以下的美国青年对中国的好感度比30至40、50至60岁年龄段的人要高出20%至30%。④最近最低的数据也显示他们对华好感度比上一辈高出15%。也就是说，跟其他年龄组相比，美国年轻人对中国的反感要少得多，好

---

① Li Yuan, "A Generation Grows Up in China Without Google, Facebook or Twitter." *The New York Times*, August 6, 2018, https://www.nytimes.com/2018/08/06/technology/china-generation-blocked-internet.html.

② 这部分讨论是来源于作者与中国发展高层论坛秘书长方晋博士的对话"美国青年对华好感度比老一辈更高。"发表于中国发展高层论坛网站2022年7月28日，https://www.cdf.org.cn/cdf2022/xwbd/10206.htm#content。

③ Cheng Li, *Middle Class Shanghai: Reshaping U.S.-China Engagement* (Washington DC: The Brookings Institution Press, 2021), chapter 9.

④ Laura Silver, Kat Devlin, and Christine Huang, "Most Americans Support Tough Stance Toward China on Human Rights, Economic Issues." Pew Research Center, March 4, 2021, https://www.pewresearch.org/global/2021/03/04/most-americans-support-tough-stance-toward-china-on-human-rights-economic-issues/.

感要多得多。但对日本、韩国做的民调，却未显示出年龄段的明显差异。这是非常有意思的现象。学界对这个现象要做更多的研究。可能的原因也许是多方面的。

第一，美国年轻人冷战思维不像前代人那么强。前几代美国人成长于冷战时期，有些人还经历过古巴导弹危机，有些人见证了苏联解体。对于这一代人而言，他们的冷战思维可能较强，而现在年轻人少有这种思维。

第二，现在美国青年比较自由开放。我们知道在2016年、2020年美国总统选举当中，民主党参议员伯尼·桑德斯支持者主要以年轻人为主，这是因为他本身就是非常开明的政治领导人。美国青年受极端宗教的影响比较小，而现在反华最严重的群体就是宗教色彩、种族色彩最严重的那群人。

第三，美国大学里的中国留学生比例很高。这个比例我刚才提到，已经达到了34%。因此，美国学生会跟中国学生有很多接触，在接触中，他们就能发现中国学生与自己有很多共同之处。美国青年通过他们对中国同学的了解，加上接触到的中国的文化产品，比如TikTok这样的科技产品，让他们对中国的陌生感没有这么强烈，也不认为有来自中国的威胁。

需要指出的是，和一般的美国民众不同，美国国会和行政部门的年轻议员或负责对华事务的年轻官员基本都是属于反华的鹰派，原因有二：一是目前美国的战略定位是把中国视作对手或敌人，因此安全战略、科技竞争，甚至军事对立成了研究的重点。很多年轻一代的美国对华战略问题专家还没有去过中国。最近美国著名中国问题专家包道格曾在接受媒体时说，不少美国年轻学者不会说中文，对中国历史、文化和人文地理既不了解也不感兴趣，而是纯粹从美国的国家利益和中美竞争角度来研究中国，导致整体对华态度更为强硬，"鹰派"越来越多。

二是美国学界主导的研究方法是定量研究。当然我不否定定量研究的价值，但如果所有的研究都是定量的，美国当前的学术地位和学术质量将受损。这与近年来美国社会科学研究的方法论改变有关系。结果往往是经济学成了数学，政治学成了统计学。新一代美国的中国事务和中美关系学者很多有博士学位，更擅长和喜爱以数学、统计学，以及通过建立模型等方式，对中国和中美关系进行量化、数字化研究，而忽略了其背后的社会、人文和决策机制等的研究，而后者往往才是研究一个国家最重要的维度。

中美教育脱钩的担忧

教育脱钩有损美国的利益。美国的大学正在失去竞争优势和国际优等人才。中国学生2018年、2019年每年给美国带来150亿美元的收益，但随着中国学生减少，有些大学已经开始靠保险来弥补中国学生减少的损失。美国理工科领域博士一半是外国出生者，美国学校依赖中国和外国科学家和研究者来保持科技上的优势。比如人工智能领域美国人才有六成来自外国，而来自中国的又占其中一半。

另外，近年来美国学生缺乏去中国留学的动因，2019至2020学年，美国赴华留学生2400多人，比上一年骤减79%，只有2011年高峰期数据的六分之一。[1]今年去中国留学的美国学生已接近于零，中国赴美学生数量也在下滑。据长期从事美中教育交流的华裔前外交官张之香的数据，[2]美中教育不平衡愈演愈烈，2009年中国赴美学生是美国赴华学生的八倍，2018年扩大到30倍。美中机构间的文化教育交往也大受影响。比如2018年美国"国防授权

---

[1] "高等教育交流在中美关系中的作用。"《中美印象》，2022年4月14日，http://cn3.uscnpm.org/model_item.html?action=view&table=article&id=27444。

[2] 余东晖，"美中教育交往衰退，专家忧心忡忡。"中评社，2022年4月29日，http://bj.crntt.com/doc/1063/5/5/4/106355478_5.html?coluid=93&kindid=7950&docid=106355478&mdate=0429024417。

法"要求美国的大学在"孔子学院与五角大楼资助项目之间做出选择。"本来在美国有上百所的孔子学院或孔子课堂，现在只剩下 18 个。①

根据中国驻美大使馆的资料，近两年来有 2000 多名学习 STEM（科学、技术、工程和数学）专业的中国学生被拒签，"中国行动计划"导致 1400 多名华裔科学家被迫离美，2022 年 1—10 月中国来美留学生签证数量同比下降了 38%。②

另外，西方国家去中国学习、工作、定居的意愿在新冠疫情之前就已经开始下降。造成这一情况的原因是多方面的，当然包括美国和中国各自的原因。从美国方面来讲，美国乔治敦大学教授查尔斯·金于 2015 年在《外交》杂志上发表的一篇名为《国际研究的衰落》的文章。③ 该文章谈论了美国国际研究的衰落，探讨了美国国际事务研究中一些基本的问题或者根本性的问题，问题包括美国社会越来越内向，政府和民间对外国语言、社会、文化的研

---

① 余东辉，"美中教育交往衰退，专家忧心忡忡。"中评社，2022 年 4 月 29 日，http://bj.crntt.com/doc/1063/5/5/4/106355478_5.html?coluid=93&kindid=7950&docid=106355478&mdate=0429024417。

② "独家对话驻美国一线外交官：现在是滚石上山，不能松手。"腾讯网，2022 年 12 月 31 日，https://new.qq.com/rain/a/20221231A052GF00。

③ Charles King, "The Decline of International Studies: Why Flying Blind Is Dangerous." *Foreign Affairs*, July/August 2015, https://www.foreignaffairs.com/articles/united-states/decline-international-studies。

究往往偏离了对真实地方的真实了解，变得非常空洞。这篇文章观点非常犀利，指出年轻的美国人可以与开罗的同龄人一起玩电子游戏，与圣彼得堡的朋友在线聊天，并下载北京乐队的音乐，但是"消费这个世界并不等于理解这个世界。"①

对中国来讲如何更多地吸引外国游客和留学生，包括美国的年轻人来中国访问、留学或工作。最近有个关于国际旅游业的报道，一般国家的入境游对GDP的贡献在1%—3%左右，中国只有0.3%，远远低于全球的平均水平。②新冠疫情之前，中国国内的旅游非常火爆，但是国际游客来华旅游较少。我知道现在处于疫情的特殊时期，但是继续开放，能帮助其他国家深入、全面地了解中国。从中美关系的角度来说，这也是促进两国交流，防止误判、误解，防止妖魔化对方最好的途径。

中国政府唤起的爱国主义浪潮

长期以来，中国政府非常关注年轻人的世界观和对共

---

① Charles King, "The Decline of International Studies: Why Flying Blind Is Dangerous." *Foreign Affairs*, July/August 2015, https://www.foreignaffairs.com/articles/united-states/decline-international-studies.

② "携程梁建章：为什么外国游客不愿意来中国？"全球化智库网站，2019年12月2日，http://www.ccg.org.cn/archives/39955。

产党领导的态度。一来年轻人是世界各地激进社会运动的主要参与者，二来年轻人容易被各方势力渗透。① 自2012年以来，习近平主席多次呼吁加强对中国青年的思想政治教育，提出"青年的价值取向决定了未来整个社会的价值取向"，并在2016年要求国家教育部门坚持"正确的政治方向"和"社会主义核心价值观"。② 2019年1月，在中央党校举行的省部级主要领导干部坚持底线思维着力防范化解重大风险专题研讨班上，习近平主席列出了中国面临的七大重要风险，其中前两项主要涉及青年。③

据报道，中共领导人对前述调查中"95后大学生入党意愿不强"的结论做出了评论，呼吁加大中国共产党对95后大学生的吸纳力度。第二年，35岁以下的中共党员总数达到2200万，占党员总数的24.4%。仅在2018年，中国共产党就吸纳了超过164万名35岁以下的成员，占新成员的80%。

在2021年春对1.7万名大学生进行的全国性调查发

---

① 陈宝生，"敌对势力的渗透首先选定的是教育系统。"新浪网，2016年12月10日，http://news.sina.com.cn/c/nd/2016-12-10/doc-ifxypipt0847554.shtml。
② 习近平，"青年要自觉践行社会主义核心价值观在北京大学师生座谈会上的讲话。"人民网，2014年5月4日，http://cpc.people.com.cn/n/2014/0505/c64094-24973220.html。
③ "习近平在省部级主要领导干部坚持底线思维着力防范化解重大风险专题研讨班开班式上发表重要讲话。"新华社，2019年1月21日，http://www.gov.cn/xinwen/2019-01/21/content_5359898.htm。

现，近期中美之间的紧张关系（包括贸易战和孟晚舟事件）极大地提高了中国大学生对地缘政治的关心，促进了日益增长的爱国主义情绪。① 值得一提的是，相当数量的中国学生仍然选择赴美学习，在2021年夏天，约有8.5万名中国公民获得学生签证在美国学习，② 但在美国的中国学生比例在新冠疫情大流行之前就已经开始下降。③

更多中国顶尖的学生选择就读本国的顶尖大学。根据清华大学2021年9月发布的一份报告，在过去十年中，清华大学毕业生出国（境）深造比约为14%。截至今年4月，2002年至2011年出国（境）的清华校友中，超半数已回中国工作，而且这一比例还在扩大。④《纽约时报》最近的一篇文章指出，如果美国不再欢迎中国的顶尖学生和研究人员，"中国政府会张开双臂欢迎他们回来"。⑤

---

① Li, *China's Youth Increasing Diversity amid Persistent Inequality*.
② 王晓枫，"专访米德伟：中美之间存在深厚的善意。"《财经》，2021年10月3日，https://news.caijingmobile.com/article/detail/443704?source_id=40。
③ "蓝皮书：中国学生留学目的地多元化时代即将到来。"中国新闻网，2021年3月7日，https://www.163.com/edu/article/G4FGQT5000297VGM.html。
④ "清华校长：10年来，出境校友中超半数已回国。"澎湃新闻，2021年9月7日，https://news.sina.com.cn/c/2021-09-07/doc-iktzqtyt4559763.shtml。
⑤ Paul Mozur and Cade Metz, "A U.S. Secret Weapon in A.I.: Chinese Talent." *The New York Times*, April 13, 2021, https://www.nytimes.com/2020/06/09/technology/china-ai-research-education.html.

华盛顿失去了影响中国未来的筹码

一个世纪以来，美国的对华政策上一直持有一个重要观点：影响（或教育）中国的年轻人极其重要，他们最终将对这个世界人口最多的国家的发展产生巨大影响。这种观点认为，在维持世界和平方面，以教育为基础的战略比枪炮和战舰的作用大得多。由吉米·卡特总统和邓小平发起的举世瞩目的中美教育交流反映了时任两国领导人的共同理想。[①]

但在今天的华盛顿，有人认为尼克松政府之后"接触"中国的策略是失败的，充其量也只被认为是"天真"的。对一些美国决策者来说，对双边教育交流的总体看法不再是以往希望通过学术交流产生积极的变化。相反，他们担心中国的年轻人，包括在美国大学学习的学生，是"被洗脑的民族主义者和中国用来削弱美国实力和利益的武器"。

然而，正如一位多年在中国研究年轻人的美国"千禧世代"学者所指出的："拒绝承认他们（中国青年）也有自己独立的想法、梦想、恐惧和欲望，是一个难以令人接受

---

① Liping Bu, *Making the World Like Us: Education, Cultural Expansion, and the American Century.* (New York: Praeger, 2003).

的失误。"[1]同样,《经济学人》驻中国记者斯蒂芬妮·斯图德(Stephanie Studer)最近也指出,"中国的年轻人既爱国、又热衷于社会进步"。他们在支持LGBT和妇女权利、消费者权利、分配正义、环境保护和其他社会开放政策方面的呼声此起彼伏。[2]

对于那些曾经在美学习的中国学生来说,过去几十年美国教育和研究机构的慷慨和开放是有目共睹的,更不用说美国社会对他们的观点和价值观的深刻影响。同时,我们也不难理解,在当今美国的某些角落,种族歧视和妖魔化中国大大增强了中国学生对中国共产党和政府的支持。

华盛顿的政策制定者需要思考的是,美国对中国庞大青年人群的不敏锐和日益加深的忽视是有助于推进还是损害美国的影响力和利益。从战略上讲,如果美国疏远了中国的年轻人,那么美国还能对中国的未来发展产生什么影响呢?

---

[1] Zak Dychtwald, Young China: How the Restless Generation Will Change Their Country and the World. (New York: St. Martin's Press, 2018)

[2] "China's Youth: Increasing Diversity Amid Persistent Inequality." Brookings Public Event, October 15, 2021, https://www.brookings.edu/events/chinas-youth-increasing-diversity-amid-persistent-inequality/.

第十章　特朗普鹰派团队作茧自缚的对华政策[①]

美国驻上海总领事谭森（Sean Stein）[②]和美国驻华大使特里·布兰斯塔德[③]在2020年8月和10月双双离职。这两位美国外交官都高度评价他们在三年任期内与中国建立起来的友谊，特别是文化教育交流上的进展。他们对中国人的热情好客及始终坚信民间外交的价值表达了深切的谢意。

[①] 本章见李成和麦瑞安（Ryan McElveen）合作的英文文章"The Deception and Detriment of Decoupling"（"作茧自缚的政策"），发表于《中美聚焦》（China-U.S. Focus），2020年10月13日。https://www.chinausfocus.com/society-culture/self-deception-and-detriment。中文翻译发表于同刊物，2020年10月13日，http://cn.chinausfocus.com/political-social-development/20201013/42062.html#。

[②] "美驻沪总领事将结束任期 骑着电动车用中文赞上海。"海外网，2020年8月31日，https://www.163.com/news/article/FLD2JFT20001899O.html。

[③] "布兰斯塔德大使和夫人临别致辞。"美国驻华大使馆，2020年10月4日，https://mp.weixin.qq.com/s/zcZ8xxRvrptKxLUCKNk0LQ。

从期望到恐惧

然而在华盛顿，政治情绪的分歧之大令人吃惊，因为"脱钩论"正在主导着美国有关中国问题的政策对话。持续不断的中美地缘政治争端正好撞上新冠疫情和候选人竞相卖弄反华诚意的总统大选。很明显，华盛顿没能如愿实现通过文化外交和"和平演变"改变中国政治体制的早期目标。当下人们对两国教育交流的普遍看法，是不再把它当作以接触促变革的希望之一，而是一种担忧，惧怕美国教育研究机构里的中国学者和学生是中共的"武器"。

中国不仅被指控"武器化"在美国大学就读的中国学生（据说他们窃取知识产权和先进技术），还被指控利用文化交流加强共产主义意识形态的影响力，干涉美国的政治。华盛顿的一些政策制定者仿佛才发现中国是由共产党领导的，他们认为这对"自由世界"构成生死存亡的威胁。

2018年2月，美国联邦调查局局长克里斯托弗·雷直言不讳地将来自中国的威胁描述为"全社会威胁"，暗示所有中国人对美国来说都是威胁。[1] 为应对这些恐惧和担忧，美国司法部采取了有史以来第一个关注特定国家（和

---

[1] "Intelligence Chiefs Take Questions from Senate Intelligence Committee." CNN, February 13, 2018, https://transcripts.cnn.com/show/cnr/date/2018-02-13/segment/04.

种族）的举措。这个名为"中国行动"的计划将某些与中国有关的案件指认为"学术间谍案"。[1] 2018年，美国国立卫生研究院和联邦调查局联手，开始调查生物医学界研究人员与中国的关系。他们确定了399名嫌疑人，其中大多数是华裔。[2] 雷声称，截止到今年7月，联邦调查局跟进的近5000起反间谍案件中有一半与中国有关，而且该局几乎每10个小时就会启动一个牵扯中国的新反间谍案。[3] 虽然美国应该大力保护国家安全和知识产权，但对出生在中国的科学家和美国华裔研究人员进行种族定性将在几个重要方面损害美国的利益。

对美国许多政策制定者和分析人士来说，他们担心的是，除非华盛顿转而采取新的有效手段与北京打交道，否则数十年内，也许更早，中国这个强大的竞争对手就会在许多重要领域超过美国，并取得巨大的竞争优势。再加上

---

[1] Margaret K. Lewis, "Criminalizing China." The Journal of Criminal Law and Criminology, No. 145, 2020, https://scholarlycommons.law.northwestern.edu/jclc/vol111/iss1/3/.

[2] 黄绒，"美FBI雇华人举报华裔科学家，76人被判刑、开除、驱逐出境。"中美印象，2020年06月19日，http://www.uscnpm.com/model_item.html?action=view&table=article&id=22095。

[3] Christopher Wray, "The Threat Posed by the Chinese Government and the Chinese Communist Party to the Economic and National Security of the United States." FBI News, July 7, 2020, https://www.fbi.gov/news/speeches/the-threat-posed-by-the-chinese-government-and-the-chinese-communist-party-to-the-economic-and-national-security-of-the-united-states.

美国企业对中国的怨言、新冠疫情中对中国工业和供应链的依赖、人们对技术监控和侵犯隐私的担忧，这些都为全面脱钩提供了额外动力。这些动作使得短期内改善民间关系的前景比以往任何时候都更暗淡。

从分歧到脱钩

双边关系恶化是两国多年争执、幻灭、失望和不信任的高潮。

华盛顿在教育文化领域与中国脱钩的做法备受争议，影响巨大。据报道，白宫曾在2018年秋考虑全面禁止中国公民的学生签证，但在特里·布兰斯塔德大使的强烈反对下，唐纳德·特朗普总统最终决定不这么做。[1]

2020年，特朗普政府出台了加快与中国脱钩的多项重大决定，包括取消和平队计划、[2]发布行政命令终止在中

---

[1] Demetri Sevastopulo and Tom Mitchell, "US Considered Ban on Student Visas for Chinese Nationals." *Financial Times*, October 2, 2018, https://www.ft.com/content/fc413158-c5f1-11e8-82bf-ab93d0a9b321.

[2] Peter Hessler, "The Peace Corps Breaks Ties with China." *The New Yorker*, March 16, 2020, https://www.newyorker.com/magazine/2020/03/16/the-peace-corps-breaks-ties-with-china.

国内地和香港的富布赖特项目、①暂拒1000多名被认为与解放军"军民融合战略"有关的中国研究生和研究人员入境、命令中国关闭驻休斯敦领事馆。

美国政府还限制在美国大学主修STEM（科学、技术、工程和数学）课程的中国研究生人数，并禁止中国学者从事敏感研究。新冠疫情发生前，2018年5月至9月，因为商务、休闲和教育目的获得美国签证的中国公民就已经比上年减少10万余人，降幅达到13%。②

尽管中国在2019年仍为美国最大的国际学生来源国，学生达37万，但今年这一数字预计将大幅下降。③原因有许多，包括美国限制学生签证、中国学生选择其他的海外留学国家，以及新冠疫情。至于美国签证，《财新》6月报道说，只有8名中国大陆学生获得了F-1（学生）签证，另有8人获得J-1（交流访问学者）签证。④相比之下，

---

① Elizabeth Redden, "Trump Targets Fulbright in China, Hong Kong." *Inside Higher Ed*, July 16, 2020, https://www.insidehighered.com/news/2020/07/16/trump-targets-fulbright-china-hong-kong.

② David J. Lynch, "China Has a Big Weapon That It Hasn't Used in the Trade War Yet: Tourists." *Los Angeles Times*, October 31, 2018, https://www.latimes.com/business/la-fi-china-tourists-20181031-story.html.

③ "Number of International Students in the United States Hits All-Time High." IIE Website, November 18, 2019, https://www.iie.org/Why-IIE/Announcements/2019/11/Number-of-International-Students-in-the-United-States-Hits-All-Time-High.

④ "美国证实自6月至今已撤销逾千名中国学生学者签证。"财经，2020年09月10日，https://international.caixin.com/m/2020-09-10/101603734.html。

2019年6月发放给中国公民的F–1签证是34001份，J–1签证是5736份。

针对中共党员的旅行禁令提案加剧了人们的担忧，它将影响9200万人和超过2亿家庭成员。考虑到中国的人口规模，该禁令实际上是不可能执行的，因为无法有效确定中国游客的政治背景。这项提案如果被采纳，将影响大约3亿中国人，并累及多达14亿人。这一禁令引起的强烈反响正在太平洋两岸蔓延。

特朗普政府中的鹰派人士将中国共产党和中国分割开来的方式是非常有问题的。美国外交协会会长理查德·哈斯曾直言不讳地指出，美国国务卿蓬佩奥"不是在说中国，而是在说中共，就好像中共与中国是分开的。此举意在制造敌对，使外交无法进行"。[1]

特朗普政府的鹰派人士在中共和中国之间划清界限的意图之一是寻求政权更迭。在他们的官方讲话和立法中，往往把中共政权妖魔化。但是，美国学者近几年在中国进行的几项民意调查均显示，民众对中国政府的满意度很高。哈佛大学肯尼迪学院的学者进行的调查发现，中国

---

[1] Richard Haass, "What Mike Pompeo Doesn't Understand about China, Richard Nixon and U.S. Foreign Policy," Washington Post, July 25, 2020, www.washingtonpost.com/opinions/2020/07/25/what-mike-pompeo-doesnt-understand-about-china-richard-nixon-us-foreign-policy/.

公民对政府（乡镇、县、省和中央一级）的满意度基本都在上升。根据这项研究，考虑到政府在经济福祉、扶贫、环境保护和公共卫生等领域采取的政策措施，中国公民认为政府有能力、更高效。[1] 这一点在民众对中央政府的评价中表现得尤为明显。他们对政府的满意度一直很高。此外，加利福尼亚大学圣地亚哥分校的学者近期进行的另一项民调也得到了类似的结果。[2] 哥伦比亚大学政治学教授、著名中国问题专家黎安友在 2020 年初撰写的一份跨国综合比较报告中也重申了这一观点。[3]

从软实力到硬现实

随着民间交流内在的柔性力量逐渐消失，日益高涨的针对中国公民和华裔美国人的种族主义和麦卡锡主义填补

---

[1] Edward Cunningham, Tony Saich, and Jessie Turiel, "Understanding CCP Resilience: Surveying Chinese Public Opinion Through Time," Ash Center for Democratic Governance and Innovation, Harvard Kennedy School, July 2020, https://ash.harvard.edu/publications/understanding-ccp-resilience-surveying-chinese-public-opinion-through-time.

[2] Lei Guang, Margaret Roberts, Yiqing Xu and Jiannan Zhao, "Pandemic Sees Increase in Chinese Support for Regime" China Data Lab at University of California at San Diego, June 30, 2020, http://chinadatalab.ucsd.edu/viz-blog/pandemic-sees-increase-in-chinese-support-for-regime-decrease-in-views-towards-us/.

[3] Andrew J. Nathan, "The Puzzle of Authoritarian legitimacy." *Journal of Democracy*, vol. 31, no. 1 (January 2020): 158-168.

了这一空白。毫无疑问，这一趋势疏远了中国人民，促使他们拥护反美民族主义。它还使中国国内知识分子中的自由派、亲美派处境艰难。

虽然应该大力保护国家安全和知识产权，但对中国出生的科学家或华裔美国研究人员搞种族定性，将在三个重要方面损害美国的利益。首先，保尔森研究所今年的一项研究显示，全球人工智能领域的顶尖研究人员有60%在美国，其中美国本土研究人员占31%，中国出生的研究人员占27%。[1] 美国政府决定限制甚至禁止中国研究生主修STEM课程和研究敏感课题，会在不久的将来使留在美国这些领域内的中国学者和学生大量减少。[2]

其次，特朗普政府对学术交流的限制，包括取消在中国的和平队和富布赖特项目，将大大减少美国更好地了解这个复杂国家的机会和途径。在美国必须更多了解中国的时候，决策者却在切断学习的渠道。

第三，若华盛顿的决策者继续寻求全面脱钩，他们就可能失去原本可以对中国广大民众的影响和利用。此外，

---

[1] Ishan Banerjee and Matt Sheehan, "America's Got AI Talent: US' Big Lead in AI Research Is Built on Importing Researchers" Paulson Institute, Macro Polo, June 9, 2020, https://macropolo.org/americas-got-ai-talent-us-big-lead-in-ai-research-is-built-on-importing-researchers/?rp=m.

[2] The White House Website, December 18, 2017, https://www.whitehouse.gov/wp-content/uploads/2017/12/NSS-Final-12-18-2017-0905.pdf.

如果华盛顿在经济与金融协调、公共卫生合作、环境保护、能源安全、文化教育交流等领域与中国脱离关系，那么美国基本上就没有办法去影响中国决策者、众多知识分子和普通民众的意见了。

在数十年交往中让美中关系紧密相连的民间纽带已经破裂，这张网几乎就要散了。尽管对中方的担忧促使华盛顿相应调整了对华政策，但中止教育文化交流的成本远远超过它的收益。从根本上说，牺牲人与人之间关系的发展并不能惩罚中国，相反，这种行为只是自欺欺人，放弃了美国最后残存的影响中国的软实力杠杆。

第十一章　为什么地方利益和州省交流很重要　●
第十二章　科比及体育交流对中美友谊的深远影响　●
第十三章　以多元文化交流重塑中美关系　●

第五部分

≪ 州省与民间

第十一章　为什么地方利益和州省交流很重要 [1]

尽管有关拜登政府对华政策的辩论过多地集中在了华盛顿和北京之间的竞争及有争议问题上，但是，只有从美国州和地方决策者的角度考虑问题才是合理的，这些决策者们非常关心双边关系给自己的州、县、市带来的影响。

传统观点认为，支持中美之间的战略竞争已是两党共识，然而美国的地方领导人却在努力挽救他们花了几十年时间为选民培育的中美经济、教育和文化关系。在特朗普担任总统期间，特别是随着过去几年与中国全面脱钩，中美双边关系以惊人的速度恶化了。不过，太平洋两岸的地

---

[1] 本章见李成和赵修业合作的英文文章"Why Subnational Interests Matter"（"为什么地方利益很重要"），发表于 China-U.S. Focus（《中美聚焦》），2021 年 1 月 14 日。https://www.chinausfocus.com/foreign-policy/whysubnational-interests-matter. 中文翻译发表于同一刊物，2021 年 1 月 22 日。http://cn.chinausfocus.com/foreign-policy/20210122/42163.html。

方交流却基本上得以幸存，在某些情况下甚至取得令人惊讶的发展。

例如，从 2018 年年中贸易战打响，到 2020 年初因为疫情暂时中止国际旅行，这中间有三位州长（均是共和党人）派贸易代表团访问了中国。与特朗普总统同属一个政党的州长们并不支持他与中国脱钩的呼吁，这个事实表明，除了国内政治之外还有其他因素在发挥作用。

华盛顿以外的观点

地方政府看中国的角度与华盛顿的观点是截然不同的。在华盛顿，两党在国会已经就对中国采取对抗性政策达成一致。人们常说，国会的民主党人和共和党人在所有问题上都有分歧，除了在中国问题上。但是美国的民间和美国的企业界，尤其是美国的地方政府可能是另一种共识，包括地方政府中的民主党和共和党。因为很多的民调显示他们跟白宫高层的官员和国会也是不一样的，认为很多方面还需要与中国合作。因为地方政府尤其在经贸、教育、文化上与中国有很多的合作。这对于拜登政府欲以一种新的、更连贯更有效的方式来应对中国的挑战，是非常重要的。拜登政府的对华政策要取得成功，需要在地方合作与战略竞争之间取得平衡。

地方政府是美国外交政策的重要利益相关方和推动者，尤其当拜登政府旨在促进国际合作和公共利益，同时大力增进美国中产阶级利益的时候，就更是如此。经过联邦政府以往的支持和引导，美国的地方领导人已经熟知与中国合作成功的路径。在40多年的交往中，这两个世界上最大的经济体已经结成50个姐妹省州和200多个姐妹市。[1]美国的州政府在中国设立了27个代表处，比在其他任何国家都多。[2]

由于商业和文化交流基本上独立于国家层面的政治，美国和中国之间的地方交往迅速发展。强大和有针对性的地方合作为两国带来了就业和投资，给中产阶级带来实实在在的经济利益。而单边行动却让地方一级的就业机会减少。

脱钩损害地方利益

卸任的特朗普政府的高级官员们普遍认为，包括教育

---

[1]"中国同美国的关系。"中华人民共和国外交部网站，2022年9月，https://www.fmprc.gov.cn/web/gjhdq_676201/gj_676203/bmz_679954/1206_680528/sbgx_680532/。

[2] "China's Influence & American Interests: Promoting Constructive Vigilance." Hoover Institute Website, November 29, 2018. https://www.hoover.org/research/chinas-influence-american-interests-promoting-constructive-vigilance.

和文化交流在内的地方合作已经不再是通过接触让中国出现积极转变的希望所在。相反，它变成了恐惧和担心，担心中国的目的是要对美国的政治施加全面的影响，是要"武器化"中国的学者和学生，通过牺牲美国的利益来加速中国的崛起。

特别是，特朗普政府已经把地方上的交流作为脱钩的战场之一。美国国务院去年11月宣布，美国将退出2011年建立的中美省州长论坛，[①] 理由是担心中国的影响力。

虽然担心外国干涉美国的政治进程是合情合理的，但笼统地描绘中美两国的地方交流，有可能把婴儿和洗澡水一起倒掉。"脱钩"决定是由华盛顿做出的，但全国各地都感受到了痛苦。

例如在华盛顿州，每三个工作岗位中就有一个直接或间接与贸易有关，从新鲜樱桃，直到波音飞机，而该州的出口在2020年下降了65%。在密歇根州，从2018年到2020年，即使去年春季新冠疫情暴发之前，密歇根大学和密歇根州立大学的中国学生数量也已减少16%。受脱钩伤

[①] 曹同庆，"美国又将一中国机构列为外国使团 并将终止中美省州长论坛。"侨报网，2020年10月29日，https://www.uschinapress.com/static/content/SZ/2020-10-29/771414962009808896.html。

害的还包括南达科他州的大豆种植者,[①] 以及威斯康星州的人参种植者。[②]

一个跨党派的倡议

自从40多年前中美建立外交关系以来,美国和中国之间的地方伙伴关系并不主要是出于政治动机,故亦不可能因为政治原因而结束。即使面对经济困难和关系恶化,在促进经济发展、应对气候变化、促进文化交流,在疫情期间提供个人防护装备等方面,州和地方层面对中美合作问题也有广泛的两党共识。

当同中国的贸易和相互投资出现在美国各州州长资产负债表的前列时,寻找合作途径对他们来说就变得至关重要。2011年密歇根州在经济衰退中挣扎时,州长里克·斯奈德抛开政治,选择中国作为其贸易代表团的第一个目的地,以考察美国的就业岗位为什么会流向中国,以及如何扭转这种趋势。斯奈德任期内派出的七个贸易代表团,为

[①] Annie Gowen, "'I'm Gonna Lose Everything'". *The Washington Post*, November 9, 2019, https://www.washingtonpost.com/nation/2019/11/09/im-gonna-lose-everything/?arc404=true.

[②] Naomi Xu Elegant, "Wisconsin Ginseng Farmers Had Been Exporting to China for a Century. Then Came the Trade War." *Fortune*, August 31, 2019, https://fortune.com/2019/08/31/trade-war-china-ginseng-farm-wisconsin/.

密歇根州带来了12.1亿美元的中国新投资,[①]给该州居民创造出6304个新的就业机会,使密歇根成为中西部利用中国投资创造就业岗位最多的州。尽管阻力重重,美国的州和地方领导人还是成功地把中国从一个产业外包目的地,变成投资和就业增长的来源。

哪怕在疫情最严重和脱钩压力日益增加的情况下,州长们也在努力抵御政治压力,为他们所在的州寻找解决方案。在2020年9月北京举行的北美投资峰会上,田纳西州州长比尔·李通过视频连线,欢迎中国企业到他的州来。当美国国务卿迈克·蓬佩奥要求对那些与中国政府有联系的中国公司保持谨慎时,李团队的回应是:"好消息是我们招募的是公司,而不是国家。"[②] 当然,要有严格的审查程序来审查入境的外国投资,但地方的领导人不能因为担心语焉不详的"外国影响",而切断与世界第二大经济体的所有经济联系。

[①] Carol Cain, "Gov. Rick Snyder Moves China Relationship Into Overdrive with Next Trip." Detroit Free Press, September 16, 2018, https://www.freep.com/story/money/business/columnists/carol-cain/2018/09/16/rick-snyder-michigan-china/1282876002/.

[②] Natalie Allison, "Tennessee to Continue Recruiting Chinese Business While 'Reviewing' Current Policy." *The Tennessean*, September 18, 2020, https://www.tennessean.com/story/news/politics/2020/09/18/tennessee-recruiting-chinese-business-while-reviewing-policy-gov-bill-lee-economic-development-china/5794650002/.

对于即将上任的新政府来说，也许没有什么地方性动议比气候变化上的伙伴关系更能为他们提供灵感了。2015年洛杉矶市市长埃里克·加希提主持的美中气候领袖峰会，为两国达成一个实现巴黎气候协定的全国性双边协议铺平了道路。[1] 即使是在特朗普政府让美国退出巴黎气候协定的时候，一个包括25名州长的两党团体仍然结成"美国气候联盟"，继续应对气候变化。美国的地方领导人已经带头并提供了路线图，拜登团队可以以此为基础，让应对气候变化成为自己的首要任务之一。

地方外交可以造福美国中产阶级

认识到冷战式脱钩是不现实的，是会适得其反的，拜登政府就有机会制定一个受到州和地方层面的两党支持，并在战略竞争背景下为美国中产阶级谋求更多利益的精细的对华政策。[2] 在对科罗拉多州、内布拉斯加州和俄亥俄

---

[1] Eric Garcetti and Nina Hachigian, "Cities Are Transforming U.S. Foreign Policy: Biden Would Do Well to Work with Them." *Foreign Affairs*, December 29, 2020, https://www.foreignaffairs.com/articles/united-states/2020-12-29/cities-are-transforming-us-foreign-policy.

[2] Andrea Shalal, "Biden Adviser Says Unrealistic to 'Fully Decouple' From China." Reuters, September 22, 2020, https://www.reuters.com/article/us-usa-trade-china-biden-idUSKCN26D1SM.

州的中产人士进行的一项调查中，受访者对外交政策的看法与华盛顿的战略家们不同。从他们的角度看，有效的对华政策，是在反击中国的不公平贸易行为和防止全面的地缘政治对抗之间取得平衡，因为这两个最大经济体之间的无休止对抗阻碍了投资，减少了就业机会。保持地缘政治与地方合作互不干扰才可令美国中产阶级获得经济利益。

美国仍是中国第三大贸易伙伴。而且值得注意的是2021年的一个调查，美国有15个州以中国为其最大的贸易伙伴，而且这些州都是政治地位非常重要的州和经济上的大州，比如加州、纽约州、佛罗里达州、威斯康星州，以及选举比较激烈的像明尼苏达州、宾夕法尼亚州、佐治亚州和弗吉尼亚州。[1] 这些都是美国政治经济重镇。

联邦政府同地方领导人之间更清晰的沟通和更好的协调，是地方外交取得成功的关键。国家与地方政府间实现有效沟通，有助于拜登政府为地方领导人划定清晰实用的国家安全范围。笼统定义国家安全只会破坏跨境交易，侵蚀两国民众之间仅存的信任。

地方外交始于国内，需要政府对教育、基础设施和创新进行全面和持续的投资。两国地方层面的大范围脱钩无

---

[1] "佐治亚州：2020年首次跻身美国'十大出口州'之列，中国是最大的贸易伙伴国。"https://www.georgia.org/node/51056。

助于美国与中国竞争，因为它抑制了美国的经济增长，切断了美国人对中国同行的软实力影响与合作渠道。

如果联邦政府帮助为地方领导人提供公平的竞争环境，美国的地方外交就可以做到有效和自律。当美国的州长和市长们为振兴本州或本市的经济和商业利益而前往海外时，他们的工作应该得到华盛顿的支持，而不是被过度审查和过度政治化。通过与地方领导人主动接触和授权，拜登政府可以推动中美地方外交发挥积极作用，从而让美国的中产阶级受益，并增强美国在与中国战略竞争中的影响力。

第十二章　科比及体育交流对中美友谊的深远影响[①]

2020年1月26日，科比·布莱恩特令人痛心的离世令全世界的体育迷震惊与悲痛，其中也包括数百万睡醒后突然听到这一噩耗的中国人。两种因素令中国人的情绪反应，以及他们对这位传奇篮球选手和美国文化偶像的喜爱尤为显著。

首先，虽然科比的离世正值致命的新型冠状病毒在中国肆虐，飞机坠毁的新闻依然占据了中国的社交媒体和搜索引擎。1月27日，中国搜索引擎百度关于"科比"的网页搜索量升至700万，是搜索"武汉"和"肺炎"总和的

---

① 本章见李成和王秋阳合作的英文文章 "Kobe Bryant and His Enduring Impact on the Sino-American Friendship"（"科比及其对中美友谊的深远影响"），发表于 China-U.S. Focus（《中美聚焦》），2020年3月4日。https://www.chinausfocus.com/society-culture/kobe-bryant-and-his-enduring-impact-on-the-sino-american-friendship. 中文翻译发表于同刊物，2020年3月5日，http://cn.chinausfocus.com/culture-history/20200305/41782.html。

六倍多。① 同天，中国社交媒体微博关于科比去世的搜索高达10亿。根据《南华早报》的数据，这是排名热词搜索第二位的新型冠状病毒中国确诊病例的"两倍多。"②

第二，美中关系在过去几年急剧恶化。华盛顿和北京的一些政治人士和意见领袖开始将对方国家视为对手，或许更有甚者将对方视为敌人。在美国，推崇美中关系全方位"脱钩"——包括在文化和教育领域——的政治语汇似乎开始取代对世界上人口最多国家长达数十年的接触政策。民族主义与彼此强化的恐惧和怀疑一道，同步在两个国家抬头。

在这种情况下，中国公众对科比大量的自发悼念远超人们对他惊人的体育天赋的致敬。科比的国际影响和中国人对他的敬仰提醒着我们，美中关系不仅是国与国的关系，还应被视为民间的关系。科比在中国巨大的影响力反映了他对中国人民长久以来的善意以及他对公共外交政策的深远影响。

很多中国球迷纷纷在社交媒体上分享自己青春时代受科比鼓舞的珍贵记忆。他们晒出科比"曼巴精神"的

---

① 百度指数，2020年1月27日。

② Jonathan White, "Kobe Bryant: China's Tributes Led by Ex-Lakers Teammates as China Mourns NBA Star." *South China Morning Post*, January 27, 2020. https://www.scmp.com/sport/china/article/3047737/kobe-bryant-chinas-tributes-led-ex-lakers-teammates.

签名，鼓励自己在当下新冠疫情扩散的困难时期坚持下去——正如科比在篮球场和生活中所践行的那样。

科比认为自己不仅仅是一名运动员，正如仅用篮球无法定义他的全部遗产。在2009年第四次赢得NBA总冠军后，科比第四次到访中国，与宋庆龄基金会合作建立了科比·布莱恩特中国基金，成为中国最大的慈善机构之一。[1]该基金首笔500万元人民币捐赠捐给了2008年四川地震灾区的重建，帮助当地儿童展开体育活动。

在接受中国电视主播水均益的一次采访中，科比表达了他想通过体育这种共同语言帮助中美两国儿童了解彼此文化、拓宽眼界的意愿。科比基金已经资助了几个中国青少年团体去美国参加文化交流活动。在2月24日为纪念科比和他女儿吉安娜举行的公共纪念活动上，科比遗孀瓦妮莎在致辞中就提到女儿吉安娜生前能说、读甚至可以写中国话。[2]

在22年时间里，科比曾十多次到访中国，他对这个快速变化的国家有浓厚兴趣，也让中国年轻人在他身上看到自己的影子。即便是退役后，科比也定期在他的微博上

---

[1] "科比中国基金设立 首批捐赠将提供给四川地震灾区。"新华社，2009年7月27日，http://www.gov.cn/jrzg/2009-07/27/content_1376605.htm。

[2] Scottie Andrew, "Read Vanessa Bryant's Speech at the Memorial for Kobe and Gigi Bryant." CNN, February 24, 2020, https://www.cnn.com/2020/02/24/us/kobe-bryant-memorial-vanessa-bryant-statement-trnd/index.html.

对1011万中国粉丝更新个人视频和信息。[1] 这些举动都增进了这位美国体育偶像和中国众多篮球观众之间的联系。一些在美国学习的中国学生甚至表示，他们选择在洛杉矶求学就是为了可以离科比的洛杉矶湖人队主场斯台普斯中心更近。[2]

体育无法免受政治和公众情绪的影响，NBA也不例外。事实上，鉴于NBA与中国深厚的商业联系，它时不时会成为公众议题的导火索。例如，几个月前休斯敦火箭队总经理达里尔·莫雷就香港抗议事件发推文，引发了中国政府与公众的愤怒与谴责。[3] 作为回应，中国官方电视台央视中止了洛杉矶湖人队和布鲁克林网队在中国的NBA赛事转播，[4] 中美两国社交媒体上也遍布充满愤怒的帖子。[5]

虽然围绕NBA与中国争议话题的纷争不断，但科比

---

[1] 微博，https://www.weibo.com/kobebryantmamba。

[2] Yingjie Wang, "Why Chinese Fans Loved Kobe Bryant So Much." LAist, January 29, 2020, https://laist.com/news/kobe-bryant-loved-by-chinese-fans.

[3] Matthew Yglesias, "The Raging Controversy Over the NBA, China, and the Hong Kong Protests, Explained." VOX, October 7, 2019, https://www.vox.com/2019/10/7/20902700/daryl-morey-tweet-china-nba-hong-kong.

[4] Jonathan White, "CCTV Pulls NBA China Games Broadcast in Response to Adam Silver's Support for Houston Rockets GM Daryl Morey's right to free speech." *South China Morning Post*, October 8, 2019, https://www.scmp.com/sport/basketball/article/3031997/cctv-pulls-nba-china-games-broadcast-response-adam-silvers-support.

[5] James T. Areddy and Julie Wernau, "China Cries Foul Over NBA GM's Tweet." The Wall Street Journal, October 7, 2019, https://www.wsj.com/articles/china-cries-foul-over-nba-teams-tweet-11570461275.

与中国公众之间个人层面的持续交往，证明善意与互联可以承受分歧的考验。在中国赛事期间，成千上万的中国球迷涌入球场观看比赛。很多人身穿勒布朗·詹姆斯和科比·布莱恩特的球衣到场，球衣上的 NBA 标志用中国国旗贴纸覆盖。① 一些中国球迷表达了他们热爱祖国与喜爱塑造了他们懵懂之年的 NBA 赛事和美国运动员之间的矛盾之情。② 这种矛盾的内心正来源于科比这样的文化大使培育的充满活力的民间联系。

科比与中国人民在个人层面互动为代表的民间交往，是过去 40 年美中关系的重要基石。随着众多美国人纪念并承诺继承科比的遗志，他们也许会从科比增进世界不同文化与民族间友谊与纽带的努力中得到启迪。

2022 年北京冬奥会又产生了一位非常优秀的体育传奇人物——还只是 18 岁的谷爱凌（Eileen Gu）。无论在体育比赛还是在新闻发布会上她的才华给世界各地的许多人留下了深刻的印象。以我的拙见，她反映了她的 Z 世代同龄人（"00 后"）——她们在价值观上是进步的，在视野上是

---

① David Kirton, "Chinese Fans Miffed at NBA, But Not Enough to Skip a Game." Reuters, October 12, 2019, https://www.reuters.com/article/us-china-basketball-nba/chinese-fans-miffed-at-nba-but-not-enough-to-skip-a-game-idUSKBN1WR0GC.

② Zhuang Pinghui, "Game Over? Meet the Chinese NBA Fans Calling Time Out Over Daryl Morey's Hong Kong Tweet." *South China Morning Post*, October 13, 2019, https://www.scmp.com/news/china/society/article/3032726/game-over-meet-chinese-nba-fans-calling-time-out-over-daryl.

国际化和全球化的，在声音上是尖锐和非教条的。①谷爱凌是美国人还是中国人可能远没有代际的不同那么重要。虽然谷爱凌在某些方面或许有特权和独特之处，但作为一个主要在美国长大的青少年，她对中国和美中关系的看法与她这一代美国人非常一致。过去十年在美国进行的民意调查一致显示，美国青年（29岁以下）对中国的好感度比年长者高出15%至30%。②

深受美中两国人民喜爱的科比·布莱恩特，以及年轻而有独立见解的谷爱凌呼应了一个共同观点，即我们需要发展创造性思维来为中美关系的良性发展奠定基础，应该寻找青春的希望而不是沉迷于陈旧的恐惧。随着年轻一代走上两国社会政治和经济生活的中心舞台，希望这一因素将影响他们代表两个伟大国家相互交往和与外部世界打交道的方式。

---

① The discussion on the impact of Eileen Gu is later added to this article. These two final paragraphs were based on my remarks at Georgetown University's U.S.-China People to People Diplomacy Series, held on September 22, 2022.

② Laura Silver, Kat Devlin, and Christine Huang, "Most Americans Support Tough Stance Toward China on Human Rights, Economic Issues." Pew Research Center, March 4, 2021, https://www.pewresearch.org/global/2021/03/04/most-americans-support-tough-stance-toward-china-on-human-rights-economic-issues/.

第十三章　以多元文化交流重塑中美关系[①]

现在正值一个重要的历史关口,在地缘政治方面和在经济版图上全球正在经历巨变。同时世界上存在着一些严重的经济不平等和不平衡的情况,有很多国家也正处在抗疫的过程之中。这些也加深了世界很多地方存在的对彼此文化的误读,对"文化战"的错误认识造成了国内社会的撕裂和不同国家的分歧。所有这些因素都需要进行更深入,更广泛的学术和公共讨论以及国际对话。我想就文化议题讲三点。

第一,各种文化没有高低之分,尤其是在多元文化

[①] 本章大部分内容为作者在中国公共外交协会、北京大学和中国人民大学于2021年2月联合主办的蓝厅论坛"对话合作,管控分歧——推动中美关系重回正轨""重启人文交流"的发言。发表于《人大重阳》,转载于《中美印象》,2021年3月6日,http://cn3.uscnpm.org/model_item.html?action=view&table=article&id=24417。

的环境中。我们知道在过去几年中，中国和美国之间的关系以远超出人们想象的速度在恶化。当然，造成这种恶化的因素是多方面的。但绝非偶然的是，华盛顿的一些鹰派政客和舆论领袖持有西方社会与非西方社会之间"文明冲突"的概念。在2019年4月于华盛顿特区举行的一次公共论坛上，时任国务院政策规划主任的基伦·斯金纳（Kiron Skinner）将与中国的紧张关系描述为"一场与完全不同的文明和意识形态的斗争，这是美国以前从未经历过的"。[①] 她继续说道："同样令人震惊的是，这是我们第一次面对非白种人的大国竞争对手。"[②]

这种文明冲突思维是影响中美关系的一个重要因素。"文明冲突论"这一理论有意无意地将不同政治文化间可以理解的争议和可控的矛盾扩展成难以调和的、无休止的仇恨和对抗。西方国家尤其是美国如果总是持西方文明优越感，这些国家和其民众就很难客观看待其他文化或者文明，并在真正意义上接受并推崇多元文化，以寻求文化间的对话和交流，促进人类社会的共同进步。

在特朗普政府的最后两年中，这个概念框架与政策走向之间有着密切的联系，包括耸人听闻地将中国视为对美

[①] Adam Taylor, "The Worst Justification for Trump's Battle with China? The 'Clash of Civilizations,'" *Washington Post*, May 2, 2019.

[②] Ibid.

国的"全社会的威胁",①歧视中国国籍的科学家和美籍华裔科学家,声称北京将大量的在美国大学就读的中国学生视为获取情报和盗取知识产权的"武器",并禁止或限制中方人员访问美国。

好在拜登总统在就职后不久就发布了一项行政命令,该命令明确禁止对亚裔美国人进行种族歧视,同时也不应再错误地把新冠病毒称为"中国病毒"。但是过去几年美中关系的恶化已经演示了在文化和价值观上的一些错误理解所能带来的灾难性后果。

第二,我想强调文化和价值观的多样性和包容性。当今的技术和信息革命,以及过去几十年来贸易和经济的全球化,使各国间的联系比以往任何时候都更加紧密。这些跨国力量催生了"文化跨国主义",主要是指通过跨国文化交流形成的共同认知和多重身份。有一点应当引起注意,全世界的学者很少使用"文化全球化"一词,这与经常使用的"经济全球化"一词形成鲜明对比。这是因为"文化全球化"是一个矛盾的概念。全球化指的是地方和国家规范与思想的扩散和融合,而文化则是指隐含在历史环境中的鲜明特征,也就是说文化必然是多样且不一致

---

① Jane Perlez,"担忧间谍活动,FBI禁止部分中国学者进入美国。"《纽约时报》中文版,2019年4月16日,https://cn.nytimes.com/china/20190416/china-academics-fbi-visa-bans/。

的。即使同一社会文化的民众也由于经历了不同的过去，包括不同的记忆、风俗和规范，而产生文化多元性和亚文化的价值取向。

中美文化交流能促进两国友好关系的发展。20世纪70年代，打开中国对西方音乐之门的，是美国费城交响乐队的首次来华访问，它促使中国一代青年人开始学习西方音乐——弹钢琴、拉小提琴。而现在很多世界著名的华人音乐家，包括钢琴家郎朗、大提琴家马友友等等，也是中美文化交流的桥梁。这些现象给我们的启迪是，民间交往、教育交流、文化交流、旅行业的促进，都能增进世界不同文化之间的相互理解和友谊。

我今年5月出版的英文新书《中产上海：重塑中美交往》就是反映了以上的主题。[1] 我有幸能有基辛格博士的《论中国》一书中文版译者为我的这本书翻译。《中产上海：重塑中美交往》通过对上海的高等教育、先锋派艺术、城市建筑和法律事务所等领域的实证研究，强调了中美文化教育交往产生的强大且具建设性的影响力和成果。这本书讲到了文化多元和包容的特征和重要性。作为中国1949年前受西方影响最多的城市和改革开放时期海外交流

---

[1] Cheng Li, *Middle Class Shanghai: Reshaping U.S.-China Engagement*. (Washington DC.: Brookings Institution Press, 2021).

的领头羊，上海的开放和发展并没有显示出海内外文化最后会趋同，而是更加反映出不同文化是能共存的。

书中的一个主要观点是：今天的美国不应将中国的中等收入人群视为对经济和文化的威胁，而应将其视为竞争者和互惠互利的合作者。我希望这本新书能提供一个中美关系僵局中另辟蹊径的渠道。以改革开放时期中等收入人群的迅速发展及海派文化而著称的上海有助于重塑中美关系的未来。

第三，近年来中国学者和中国公众在不断批评西方的文化优越感、政治虚伪和道德居高临下。对于世界各地的学者，尤其是后殖民地社会的国家和地区，要求在平等的基础上与西方进行文化对话无疑是合理的。今天我则要从另一个角度来谈文化优越感。文化优越感不只是某个种族、族裔或国家所特有的。当涉及自己的文化偏见时，我们每个人都必须克服自身的文化优越感或自卑感。当今世界，政府对待社会弱势群体和少数族裔的方式往往是衡量其国内政治和治理有效性的重要指标，这适用于包括美国和中国在内的任何国家。

作为一个华裔美国人，我自然意识到美国存在着对少数民族，特别是对非洲裔美国人的系统性歧视。但同时让我感到欣慰的是，在乔治·弗洛伊德（George Floyd）惨死后，有如此众多的各个种族的美国人参加并支持了"黑人的命也是命"的伸张正义的民权运动。不幸的是，这一运动在中国的一些社交媒体中经常被错误解读，这些媒体将该运动的名字被翻译为"黑命贵"，或"黑人命贵"[①]也完全扭曲了这一民权运动的性质。

我们需要有一个能让大家进行坦诚、批判性和建设性对话的平台，其中人文、教育和民间的交流非常重要。这样的平台可以帮助我们更好地了解彼此文化和国家之间的差异，并且在平等的基础上尊重文化的多元和寻求正义与进步的共性。这也是在传达人类命运共同体的价值观。我们可以从看似截然不同的文化和民族差异中求同存异，并克服我们各自的偏见和短缺。我想引用美国总统富兰克林·罗斯福的话作为总结："文明不是国家的，而是世界的。"

[①] 江平舟，"1.7亿！今天才懂'黑人命贵'的真正意思。"知乎，2021年3月15日，https://zhuanlan.zhihu.com/p/357336032。

第十四章　大国合作共克全球数字鸿沟　●
第十五章　重塑前的反思：了解未来的挑战和机遇势在必行　●

第六部分

««« 反思与共存

第十四章　大国合作共克全球数字鸿沟[①]

新冠肺炎疫情的暴发给全世界人们的日常生活和工作按下暂停键，数百万计的人因此而丧生。用基辛格博士的话来说，"在冠状病毒之后，世界将发生翻天覆地的变化。"[②] 还有一点值得注意，那就是新冠肺炎疫情暴发之前，各国内部及国家之间的经济差异已经在世界范围内引发了反全球化运动及各种各样的"脱钩"。

在这样一个紧要关头，全球智库学者显得尤为重要，他们可以帮助弥合学术话语和决策过程之间的分歧，更深入、客观地审视世界当前面临的紧迫挑战，参与全球合作，而不是不断地争论和对抗。毕竟，这是智库的核心作

[①] 本章大部分内容为作者在2021年世界互联网大会乌镇峰会的互联网国际高级别智库论坛"后COVID-19世界智库的全球合作与作用"上的发言。中文翻译摘要发表于《网络传播》，2021年12月号，第72-73页。

[②] Henry A. Kissinger, "The Coronavirus Pandemic Will Forever Alter the World Order." *The Wall Street Journal*, April 3, 2020, https://www.wsj.com/articles/the-coronavirus-pandemic-will-forever-alter-the-world-order-11585953005.

用。当前，克服不断扩大的数字鸿沟迫在眉睫，我认为这是后疫情时期国际社会最为棘手的任务之一。

最不发达国家的数字鸿沟在扩大

尽管数字技术的发展遍及全球，但2021年一份联合国报告指出，全世界将近一半的人口（约37亿人）无法访问互联网。① 在最不发达国家更是普遍缺乏数字连接，这些国家81%的人口仍未联网。② 相比之下，在发达国家和发展中国家，未联网的人口比例分别只有13%和53%。最不发达国家人口占世界总人口的14%，占世界极端贫困人口的一半以上。③ 数字鸿沟反映出了社会经济差异。

新冠肺炎疫情进一步加剧了现有的不平等现象，这通常被归因于不断扩大的数字技术差距。由于新冠肺炎疫

---

① "With Almost Half of World's Population Still Offline, Digital Divide Risks Becoming 'New Face of Inequality', Deputy Secretary-General Warns General Assembly." United Nations/Meeting Coverages and Press Releases, April 27, 2021, https://press.un.org/en/2021/dsgsm1579.doc.htm.

② Nigel Cory and Philip Stevens, "Building a Global Framework for Digital Health Services in the Era of COVID-19." ITIF (Information Technology and Innovation Foundation), May 26, 2020, https://itif.org/publications/2020/05/26/building-global-framework-digital-health-services-era-covid-19/.

③ "The Least Developed Countries Report 2020: Productive capacities for the New Decade." UNCTAD, December 3, 2020, https://unctad.org/press-material/least-developed-countries-report-2020productive-capacities-new-decade.

情引发的经济困难,最不发达国家的极端贫困人口增长了 3200 万;2020 年,贫困人口占比增至 36%,相比前几年增加 3%。[1] 更确切地说,最不发达国家在数字经济、公共卫生(包括疫苗分发)和网络教育领域这三个领域更为落后。

数字经济。疫情暴发前,2018 年,发达国家中有 70% 的人网购,而最不发达国家只有 2% 的人网购。[2] 数字鸿沟剥夺了最不发达国家的工人和消费者从供应和需求端的电子商务中获益的机会。

公共卫生。最不发达国家的人在疫情期间不能获知基本的保健信息。非洲的最不发达国家在获取疫苗方面处于不利地位。截至 2021 年 9 月中旬,将近 60 亿剂疫苗被分发至全球各地,而非洲只有 2% 的人注射了疫苗。[3]

网络教育。2020 年全世界约 16 亿学生因新冠肺炎疫情停课。线上教育和数字化学习填补了停课期间的教育空白,但是全球超过一半的青少年受到数字鸿沟的不利影

---

[1] Ibid.
[2] Kevin Hernandez and Tony Roberts, "Leaving No One Behind in a Digital World." Digital and Technology Cluster Institute of Development Studies, December 2018, https://assets.publishing.service.gov.uk/media/5c178371ed915d0b8a31a404/Emerging_Issues_LNOBDW_final.pdf.
[3] "非洲在 2021 年面临 4.7 亿剂新冠疫苗短缺。"《联合国新闻》,2021 年 9 月 16 日,https://news.un.org/zh/story/2021/09/1091132。

响，约 8.26 亿学生无法使用家用电脑。①

疫情期间，不断扩大的数字鸿沟和经济差异凸显了一个事实，那就是技术革命本身无法带来包容性经济增长或实现分配公平。相反，技术革命往往会加剧贫富群体之间的紧张情绪和敌意。

中美迫切需要加强合作

当前，中美迫切需要加强合作联合起来共同抗击数字鸿沟和新冠肺炎疫情。全球 70 个最大的数字平台中，美国和中国企业占总市值的 90%。两国拥有的"超级平台"包括微软、苹果、亚马逊、谷歌、脸书、腾讯和阿里巴巴，这 7 个平台占总市值的三分之二。②

地缘政治断层线开始形成，而技术成为竞争和矛盾的中心领域。多年前，谷歌公司前首席执行官埃里克·施密特（Eric Emerson Schmidt）和中国政治学家阎学通都曾表示，美国和中国尚未达成对新兴

---

① Simon Kemp, "Digital 2021: Global Overview Report." Datareportal, January 27, 2021, https://datareportal.com/reports/digital-2021-global-overview-report.

② *Value Creation and Capture: Implications for Developing Countries* (Digital Economy Report 2019). United Nations Publications, 2019, https://unctad.org/system/files/official-document/der2019_en.pdf.

数字世界的全球共同领导,相反,却形成如阎学通所说的"双头垄断的数字世界",形成两个独立的竞争中心。①

在前所未有的技术革命时期,特别是随着人工智能技术的快速发展,这类零和竞争极其危险。在数字化时代,美国、中国或俄罗斯都无法确保可预防灾难性网络攻击的发生,因为网络攻击可能不是来自一个大国,而是来自某一边缘化群体,某个激进极端分子,甚至一台机器。对美国人来讲,"9·11"恐怖事件20周年或许会提醒我们,将中国视为敌人是错误的。如今,我们的敌人是新冠病毒、气候变化、核扩散及国内外的恐怖分子。这些也都是中国的敌人。两国应当加强团结合作。

从2003年的非典到2020年的新冠病毒对中国社会和经济的巨大冲击,中国政府和电商不断努力推进全国范围内互联网基础设施的改善和电子商务的发展,这些电子商务公司及其平台致力于金融交易的支付宝和微信支付移动支付系统后的迅速发展。当阿里巴巴和京东在2003年推出他们的平台时,中国大约有7950万互联网用户(占总人口的6%)。如今,在冠状病毒大流行的推动下,这一数

---

① Yan Xuetong, "Bipolar Rivalry in the Early Digital Age." *The Chinese Journal of International Politics*, Volume 13, Issue 3, Autumn 2020, Pages 313–341.

字已激增至 9.04 亿（占总人口的 64.5%）。① 近年来，中国政府推出了新型基础设施建设战略发展计划（"新基建"），这一项目集中于 5G 网络、物联网和数据中心等数字服务，极大地加速了中国电子商务的发展。

目前中美两国处于新冷战的边缘，这两个世界上最大的经济体之间科技领域的脱钩正在酝酿之中。在这种环境下，美国的自然反应是阻止中国的电子商务发展接近其本土。然而，中国电子商务的创新在新冠疫情暴发和中美持续贸易战的阴云之下蓬勃兴起。中国国内市场能为美国企业带来丰富的增长机会，尤其是在电子商务领域，这种时候的产业链、价值链、供应链的脱钩又能给美国带来什么呢？追溯中国电子商务部门的增长和发展、新冠病毒封锁期间的创新，以及经济重新开放后的强劲发展趋势，毫无疑问的是，在这个关键时刻，低估中国经济弹性的美国对华脱钩政策将是一个严重错误。

至于现在，国际社会共同努力抗击新冠疫情是当务之急。美国和中国在最不发达国家问题上的合作将大有裨益。美国（私营部门、非政府组织、民间社会组织及个人

---

① This discussion is based on Cheng Li and Ryan McIlveen, "Will China's E-commerce Reshape a Reopening World?" *The Cairo Review of Global Affairs*, No. 34 (June 10), https://www.thecairoreview.com/covid-19-global-crisis/will-chinas-e-commerce-reshape-a-reopening-world/?from=groupmessage&isappinstalled=0.

捐赠）已经向新冠疫苗实施计划（COVAX）捐出价值40亿美元的疫苗，分发至最贫困的国家。[①] 中国国家主席习近平在联合国大会发表演讲时表示，中国将努力全年对外提供20亿剂疫苗。[②] 在这方面，中美两国是互补的。美国拥有广泛的全球卫生计划网络，通过美国疾病控制与预防中心、美国国际开发署等机构，可为发展中国家提供医疗和公共卫生支持。而中国拥有强大的制造和物流能力。在抗击新兴变异毒株和确定疫苗药效和安全性方面，数据共享仍然至关重要，特别是对于那些数字化滞后的国家来讲。

综上所述，我们是时候团结起来，齐心协力，秉承国际对话、积极参与、相互尊重、共同繁荣的原则，确保数字化和日益互联的世界健康运行，携手构建人类命运共同体。

[①] Emily Rauhala, Erin Cunningham, and Adam Taylor, "White House announces \$4 billion in funding for Covax, the global vaccine effort that Trump spurned." *The Washington Post*, February 18, 2021, https://www.washingtonpost.com/world/2021/02/18/5-percent-vaccine-donations-france/.

[②] "习近平在联大讲话时重申中国将努力全年对外提供20亿剂新冠疫苗." 路透社，2021年9月21日，https://www.reuters.com/article/china-xi-un-covid-vaccine-0922-idCNKBS2GI04J.

第十五章　重塑前的反思：了解未来的挑战和机遇势在必行[①]

众所周知，我们生活在一个令人困惑和担忧的时代。正如联合国秘书长安东尼奥·古特雷斯最近所说，诸如新冠病毒大流行、血腥的军事冲突、迫在眉睫的核武器威胁、赤裸裸的不平等、气候危机和饥荒等严峻挑战"使我们的世界承受了更大的压力"。[②] 对于区域和全球一体化怀疑和批评的声音此起彼伏，以及激进的民粹主义、种族主

[①] 本章大部分内容为作者在由中国（深圳）综合开发研究院与美国经济战略研究所于2022年12月15日联合主办的"如何重塑中美经济关系？"智库网络研讨会上的英文发言，标题为"Rethinking before Reshaping: The Imperative to Understand the Challenges and Opportunities Ahead"（"重塑前的反思：了解未来的挑战和机遇势在必行"）。中文翻译摘要发表于复旦中美友好互信合作计划，2022年12月23日，https://fddi.fudan.edu.cn/4f/aa/c18965a479146/page.htm。作者感谢姜静宜和信妍的精心翻译。

[②] António Guterres, "Nuclear Weapons are not Yesterday's Problem, They Remain Today's Growing Threat." United Nations website, January 4, 2022, https://www.un.org/sg/en/content/sg/articles/2022-01-04/nuclear-weapons-are-not-yesterday's-problem-they-remain-today's-growing-threat.

义、极端民族主义和仇外心理，可能会在人们日益相互关联的世界中继续增长，导致人们的思维方式、行为、偏好和优先事项在全球范围内发生转变。

这里我们讨论的课题是"重塑中美经贸关系"。然而，如果不先了解两国所处的大环境和背景，我们就无法明智地讨论这个话题。国际环境令人不安，两国政治和战略紧张程度空前严峻。经济方面，美国经济遭遇40年来最高通胀，中国经济增速渐缓。此外，预计明年美国将陷入经济衰退，而中国在确保国内外投资者信心方面则面临着艰巨的任务。

在此关键时刻，中美智库学者有必要帮助弥合学术话语与公共政策之间的鸿沟，审视国家安全、政治关切和经济利益之间的联系，并防止两国的误解和一厢情愿。因此，我对如何重塑中美经济关系的回答是首先要考虑"重塑前的反思"。毕竟，重新思考或发展新的思维方式是智库的主要作用。任何重塑中美经济关系的意愿必须努力更正两国间根深蒂固的认知和战略上的缺陷和偏颇。我特别要强调拒绝双边关系中普遍存在的六种一厢情愿看法的重要性（中美双方各三个）。当然以上均为我个人观点和论据，不代表任何机构。

先从美国开始。首先是拜登政府坚持"联盟驱动"的地缘政治和"价值观外交"。美国和中国对俄乌冲突采取的不同立场，以及美国国内外关于民主与威权主义不断扩大的言论强化了华盛顿对全球分歧的两极化看法。从美国的角度来讲，拜登政府强调改善与盟友的关系，以应对中国日益增长的实力和影响力的做法也许是明智的。但从中国的角度来看，拜登政府的举动似乎预示着反华冷战一触即发，中国相应地将更加贴近俄罗斯、伊朗、沙特等国。

重要的是，在当今世界最严重的问题只能通过相互依存才能解决的确切时间点上，全球两极化和分裂却在加剧。就像一位美国著名学者杰弗里·萨克斯（Jeffrey D. Sachs）指出，世界面临的最大挑战是气候变化、公共卫生、可持续发展和军备控制。① 我们生活的世界应该是一个多极世界；单极或双极结构都不符合国际社会的利益。

其次，随着地缘政治断层线开始形成，技术已成为中美竞争的核心领域。拜登政府呼吁"精密高科技脱钩"，② 重点是半导体产业。作为这一战略思维的一部分，华盛顿正在推动为各个工业部门开发新的产业链、供应链。华盛

---

① Jeffrey D. Sachs, "The Climate Crisis Challenge Belongs to All of Us. *Boston Globe*, August 10, 2021, https://www.jeffsachs.org/newspaper-articles/tsteylncffp2pebf2t2afxcxah6tex.

② 斯洋，"拜登时代，建'小院高墙'保护科技优势。"美国之音，2021年2月20日，https://www.voachinese.com/a/us-china-tech-war-02192021/5785305.html。

顿应该更加谨慎地考虑在精密高科技行业与中国脱钩的可行性和可取性。这些举措可能代价高昂,而且会损害而不是帮助美国的竞争力。孤立中国的努力是行不通的——约有163个国家和地区将中国视为最大贸易伙伴。2021年,中国制造业增加值占全球的比重接近30%,欧洲为17%,美国为15%。[①]

第三,出于国内政治原因,民主党和共和党都希望对中国采取强硬态度。然而,华盛顿尚未对中国的经济轨迹和美国在与世界第二大经济体打交道时的战略目标进行有实证根据的评估。

美国的长期战略目标并不明确。正如我在布鲁金斯学会的同事何瑞恩先生(Ryan Hass)最近观察到的那样,管理美中大国竞争的出发点应该是建立美国终极博弈的概念框架。[②] 美国在以往的大国竞争中尤其是第二次世界大战和美苏冷战都取得了胜利,但如果认为美国在21世纪的今天也能对中国做同样的事情,那就错了。与此同时,美国不应该对其实力和影响力丧失信心和缺乏安全感。

[①] "沙特向东。"虎嗅,2022年12月9日,https://www.huxiu.com/article/736956.html。
[②] 余东辉,"何瑞恩:美国对华竞争不要预期中国未来崩溃。"《中美印象》,2022年12月3日,http://cn3.uscnpm.org/model_item.html?action=view&table=article&id=28874。

现在让我谈谈在中国普通存在的三种一厢情愿的看法。首先,尽管中国领导人正确指出中国面临"百年未有之大变局",但许多中国人仍然认为,逆全球化趋势是暂时的,可以迅速扭转。

然而,发达国家和发展中国家都强烈感受到国家内部和国家之间的经济差距。经济全球化负面影响导致的输家数量也在不断增加。这加剧了各国国内和国际的矛盾。我们已经知道了过去几十年的经济全球化现在已经走到了尽头。新的全球经济框架尚不明确。

今天比以往任何时候都更加明显的是,二战后的国际秩序已经完全崩溃。如果认为俄乌冲突将是重塑国际秩序的最后一场战争,或者认为这场血腥战争仅限于欧洲大陆,那就太天真了。

第二,许多人认为,中国强调经济激励和对外交往会削弱一些国家过度的安全担忧,但是没有证据支持这一点。

第三,许多中国人认为,中国与美国商界的牢固联系将阻止中美关系恶化到某种境地。我认为中美经贸关系可能仍然是中国人所说的"压舱石",但不再是"驱动器"。美国民众普遍接受的观点是,与中国的贸易可能有利于美国企业和华尔街,但不会有利于美国工人阶级和普通民众。由于工会的强烈反对，拜登总统对取消或降低贸易关税犹豫不决，尽管这可以帮助减少美国通货膨胀的压力。无论对错，许多美国人认为，中国中等收入群体的增长是以美国中产阶级的萎缩为代价的。

此外，美国企业界也改变了对中国市场的看法。部分原因是来自中国公司的激烈竞争，部分原因是华盛顿和北京的限制，部分原因是美国企业与军工联合体的紧密联系。谷歌、亚马逊和脸书等科技和互联网巨头在中国几乎没有任何市场。而在改革初期几十年获利非凡的一些公司现在发现，公司的收入越来越多地来自中国以外的地方。当然，包括金融业在内的一些产业部门仍然对中国这个全球最大的中等收入群体市场抱有浓厚兴趣，但他们对诸多方面的不确定性仍为担忧。

总之，对双方误解的讨论不仅有助于我们理解我们所面临的艰巨挑战，而且还揭示了同理心的重要性，从而展示了合作与共存的机会。我们应该扪心自问，我们是否能够与一个日益分裂和分化的危险世界共存。如果不是，我们如何才能摆脱惯性思维、阻止加剧的敌意？如何反思零和博弈战略，寻找共同利益和新动力？最重要的是，如何创造包容性经济增长？

图书在版编目（ＣＩＰ）数据

中美关系：变局中的利益交汇点 /（美）李成著.
-- 北京：外文出版社，2024.3（2024.8重印）
（读懂中国）
ISBN 978-7-119-13896-1

Ⅰ．①中… Ⅱ．①李… Ⅲ．①中美关系－研究 Ⅳ.
① D822.371.2

中国国家版本馆 CIP 数据核字（2023）第 227385 号

出版策划：中国国家创新与发展战略研究会
出版指导：陆彩荣
出版统筹：胡开敏

责任编辑：曾惠杰
装帧设计：柏拉图创意机构
印刷监制：秦　蒙　王　争

中美关系：变局中的利益交汇点

［美］李　成　著

ⓒ 外文出版社有限责任公司
出　版　人：胡开敏
出版发行：外文出版社有限责任公司
地　　　址：中国北京西城区百万庄大街 24 号　　邮政编码：100037
网　　　址：http://www.flp.com.cn　　电子邮箱：flp@cipg.org.cn
电　　　话：008610-68320579（总编室）　　008610-68996177（编辑部）
　　　　　　008610-68995852（发行部）　　008610-68996183（投稿电话）
制　　　版：北京杰瑞腾达科技发展有限公司
印　　　刷：北京盛通印刷股份有限公司
经　　　销：新华书店 / 外文书店
开　　　本：700mm×1000mm　1/16　　印　张：15.5　字　数：120 千字
版　　　次：2024 年 8 月第 1 版第 3 次印刷
书　　　号：ISBN 978-7-119-13896-1
定　　　价：55.00 元

版权所有　　侵权必究　　如有印装问题本社负责调换（电话：68995960）